Jac. P. Thijssepark

Designed Dutch Landscape
JAC. P. THIJSSE PARK

Gaston Bekkers with photographs by Jan Derwig

A listing of key plants, Heilien Tonckens

ARCHITECTURA & NATURA
with the Garden Art Press 2003

for | voor Guus

special thanks to | met dank aan
Erik de Jong, Tammo Smith, Henk Grootveld, Jaap Kuiper, Hein Koningen, Piet Oudolf
and the Dutch Garden Society | en de Nederlandse Tuinenstichting voor het stipendium

contents | inhoud

7   **The Jac.P. Thijssepark and other heem parks in Amstelveen** | Het Jac.P. Thijssepark en andere heemparken in Amstelveen

7   **Residential neighbourhoods and natural beauty** | De villawijk en het natuurschoon

10   **The Amstelveen extension scheme** | Het uitbreidingsplan van Amstelveen

23   **The layout of the Braak and the Jac.P. Thijssepark** | De aanleg van park de Braak en het Jac.P. Thijssepark

29   **Landscape gardening and nature** | Tuinarchitectuur en natuur

33   **Christiaan Broerse, inventor of the heem park** | Christiaan Broerse als de bedenker van het heempark

39   **Broerse, landscape gardening and 'modern' city planning** | Broerse, landschapsarchitectuur en 'moderne' stedebouw

42   **Heem parks and ecology** | Heemparken en ecologie

50   **Sources and notes** | Bronnen en noten

52   **Photo essay De Braak, J. Landwehrpark, Jac.P. Thijssepark** | Foto essay De Braak, J. Landwehrpark, Jac. P. Thijssepark

82   **A listing of key plants, Heilien Tonckens** | Index van planten, Heilien Tonckens

There are few public parks in the Netherlands older than sixty years that have better stood the test of time than the Jac. P. Thijssepark in Amstelveen. History proves not only that proper maintenance produces results; the Jac. P. Thijssepark appears to have survived all the traditions and renovations in garden and landscape design of the past sixty years. Since the layout in 1939 of the first Amstelveen heem parks - De Braak and the Jac. P. Thijssepark - they have increasingly attracted the attention of professionals in the field. As a source of inspiration for an international company of botanists, nature lovers, landscape architects, growers and planners, they are currently more popular than ever, an interesting development that will be discussed at length in this book.

The heem parks were dug in the context of schemes for job creation. They were part of a plan for an urban programme for parks and gardens in Amstelveen and were dug next to the Bosplan, the current Amsterdamse Bos, on the borders of Amstelveen and the much larger urban entity of Amsterdam. In 1928 the Amsterdam city council decided to lay out a park of roughly 900 hectares in the polders west of Amstelveen, between the Amstelveenseweg, the Haarlemmermeerpolder ring canal, the Nieuwe Meer and the Amstelveense Poel. This afforestation scheme or *Bosplan*, with its extensive planting, alternated with sports grounds, playing fields, lakes and canals and other amenities, was intended as a natural setting for the city dwellers' necessary leisure activities.

This publication does not intend to give a complete survey of the extensive works of the inventor of the heem park, Christiaan Pieter Broerse (1902-1995), dealing instead with a selection of the series of commissions the garden designer actually implemented, with special reference to the Amstelveen heem parks and the Jac. P. Thijssepark. A thorough enquiry into the work of Broerse, that varied from the design and layout of allotments and private gardens to the major reorganization of landscapes, would take far too long. However, the principles of Broerse and later on those of his colleague, the botanist K. Landwehr (1911-1996), do play an important role in the extraordinary history of the heem parks. Their vision of the Dutch landscape and their use of a great variety of native plants in public parks was highly original. Broerse was a singular figure, a dyed-in-the-wool Calvinist who, due to his creative use of indigenous wild plants in public parks, has won a special place in his profession. Broerse gained almost all his knowledge about the layout and maintenance of gardens in actual practice; wild plants and the Dutch landscape were his material.

If one places the heem parks in their historical context, both natural and cultural monuments take on an entirely different meaning. In these heem parks the tension between nature and culture, between the conservation movement and city planners, has resulted in something that can only be called remarkable.

Residential neighbourhoods and natural beauty

In his column in the Dutch weekly *De Groene Amsterdammer*, of August 1929 the conservationist and co-founder of the *Vereniging tot Behoud van Natuurmonumenten* (the Dutch Society for the Preservation of Nature), Jacobus P. Thijsse (1865-1945) made a ferocious attack on property speculators and those local councils who submitted to new developments simply being 'hacked out' of the woodlands or 'dumped' in the open

Er zijn maar weinig Nederlandse openbare parken van ouder dan zestig jaar die de tijd zo goed doorstaan hebben als het Jac. P. Thijssepark in Amstelveen. De geschiedenis leert niet alleen dat een gedegen onderhoud resultaat oplevert, het Jac. P. Thijssepark lijkt ook alle tradities en vernieuwingen die de afgelopen zestig jaar in de tuin- en landschapsarchitectuur de revue zijn gepasseerd, overleefd te hebben. Vanaf de aanleg in 1939 van de eerste Amstelveense heemparken, de Braak en het Jac. P. Thijssepark, genieten ze in toenemende mate de belangstelling van de vakwereld. Als inspiratiebron voor een internationaal gezelschap van botanici, natuurliefhebbers, tuin- en landschapsarchitecten, kwekers en ontwerpers zijn ze momenteel populairder dan ooit. In die belangstelling is een interessante ontwikkeling waar te nemen die in deze publicatie de aandacht krijgt.

De heemparken werden in het kader van werkverschaffingsprojecten aangelegd. Ze vormden een onderdeel van een geplande stedelijke groenstructuur voor Amstelveen en kwamen tegen het Bosplan, het tegenwoordige Amsterdamse Bos, aan te liggen, op de grens van Amstelveen en het vele malen grotere Amsterdam. In 1928 besloot de Amsterdamse gemeenteraad namelijk een park van ongeveer 900 hectare aan te leggen in de polders ten westen van Amstelveen, tussen de Amstelveenseweg, de ringvaart van de Haarlemmermeerpolder, het Nieuwe Meer en de Amstelveense Poel. Dit Bosplan, met zijn grootschalige beplanting, afgewisseld met sportterreinen, speelweiden, waterpartijen, en andere voorzieningen moest de stadsbevolking de nodige ontspanning in de natuur bieden.

Deze publicatie geeft geen volledig overzicht van het rijke oeuvre van de bedenker van het heempark, Christiaan Pieter Broerse (1902-1995), maar behandelt een selectie uit de reeks van opdrachten die deze tuinarchitect heeft vervuld, in het bijzonder de Amstelveense heemparken en het Jac. P. Thijssepark. Een gedegen onderzoek naar het oeuvre van Broerse, dat varieert van ontwerp en aanleg van een volkstuincomplex en privé-tuinen tot de grootschalige herinrichting van landschappen, is bijna onbegonnen werk. Wel spelen de uitgangspunten van Broerse en later die van zijn collega, de botanicus K. Landwehr (1911-1996), een belangrijke rol in de geschiedenis van de heemparken. Hun visie op het Nederlandse landschap en de manier waarop zij een rijke inheemse beplanting in openbare parken toepasten was zeer origineel. Broerse was een markante persoonlijkheid en calvinist in hart en nieren, die vanwege zijn creatieve toepassing van inheemse wilde planten in openbare parken een aparte plaats innam binnen zijn vakgebied. Bijna alle kennis over de aanleg en het onderhoud van tuinen leerde Broerse in de praktijk, de wilde planten en het Hollandse landschap waren zijn materiaal.

Door de heemparken in hun historische context te plaatsen hebben zowel het natuurmonument als het cultuurmonument een geheel andere betekenis gekregen. In deze heemparken heeft de spanning tussen natuur en cultuur, tussen de natuurbeweging en de stedenbouwers, een bijzonder resultaat opgeleverd.

De villawijk en het natuurschoon

Natuurbeschermer en medeoprichter van de Vereniging tot Behoud van Natuurmonumenten in Nederland, Jacobus P. Thijsse (1865-1945), haalde in zijn column in *De Groene Amsterdammer* van augustus 1929 fel uit naar exploitanten en gemeentebesturen, die allemaal maar toelieten dat op veel plaatsen de bebouwing zomaar uit het bos

Heem parks and Amsterdamse Bos (1960)

Jac. P. Thijssepark (1969)

'gehouwen' en op de hei 'neergeploft' werd. Dat een van de eerste heemparken in een villa-wijk van Amstelveen later naar hem is vernoemd zal dan ook geen verbazing wekken.

Bij de keuze van het terrein voor de aanleg van de eerste villawijken speelde de land-schappelijke omgeving en het 'natuurschoon' een rol. Een aantal Nederlandse villawijken maakte bij de aanleg deel uit van een nieuw ontworpen openbaar park, andere ontstonden na de opdeling van een bestaand landgoed of bij de herinrichting van een uit landschappe-lijk oogpunt aantrekkelijk gebied. Rond de eeuwwisseling en tijdens een opleving in het inter-bellum zijn er veel villawijken aangelegd waarbij de geografische ligging van het terrein, maar ook het water en de beplanting de vormgeving bepaalden. De kavels werden gelei-delijkaan kleiner wat een verdichting van de villaparken tot gevolg had. Een ontwerp dat regelmatig als een geslaagd voorbeeld werd aangehaald was het Bloemendaalse villapark Duin en Daal, dat naar ontwerp van tuinarchitect L. Springer (1855-1940) in 1897 in de dui-nen was aangelegd. De ruimtelijke indeling van het duingebied en de beplanting van een voormalige buitenplaats waren zoveel mogelijk intact gelaten. Zo vond tuinarchitect H.F. Hartogh Heys van Zouteveen (1870-1943), lector in de tuinkunst aan de Landbouw-hogeschool van Wageningen, dat een losse, natuurlijke plaatsing van de beplanting zoals in Duin en Daal wenselijk was voor een goede relatie tussen villa en omgeving. Daar waar de natuur of een bestaande aanleg niet aantrekkelijk genoeg was 'moet alles natuurlijk nieuw gevormd worden', zo schreef hij in het boek *Boomen en heesters in parken en tuinen* dat in 1908 verscheen.[1] In dit omvangrijke werk probeerde hij vooral tuinarchitecten aan te zetten tot het bestuderen van de natuur en met name de samenleving van de planten. Behalve bomen en heesters hoorden daar ook de wilde, kruidachtige planten bij.

countryside. That one of the first heem parks in a residential neighbourhood was later named after him will come then as no surprise.

Rural surroundings played a role in the choice of the terrain for the layout of the first residential neighbourhoods. A number of Dutch residential neighbourhoods were designed to form part of newly planned public parks, while others came about as the result of a country estate being split up or during the redesign of an area with an attrac-tive rural character. Many residential neighbourhoods were laid out at around the turn of the century and during an interwar revival, with the geographical setting, stretches of water and planting as key elements in the design. The parcels available gradually beca-me smaller, leading to an increased compactness of these residential areas. A design that is regularly held up as a successful one was that of Duin en Daal in Bloemendaal, laid out in 1897 in the dunelands to a plan by L. Springer (1855-1940). Where possible the spatial organization of the dunes and the planting pertaining to a former landed pro-perty were left intact. Landscape gardener H.F. Hartogh Heys van Zouteveen (1870-1943), teacher in garden art at the Wageningen Agricultural College, argued that an informal natural placing of the planting as was the case in Duin en Daal was desirable for a good relation between the built-on neighbourhood and its surroundings. Where an existing layout or natural scenery was not attractive enough 'everything should of cour-se be designed all over again', he wrote in his book *Boomen en heesters in parken en tui-nen*, published in 1908.[1] This extensive work was primarily a plea to landscape garde-ners to study nature and 'plant communities' in particular. Besides trees and shrubs, wild herbaceous plants were also considered.

As existing parcels became smaller and increasingly densified, it became clear that there would not be sufficient of them to accommodate the growing number of well-to-do city-dwellers who wanted to live outside the city. The future belonged to the car. Automobiles brought about a fundamental alteration in city planning; they implied an urban sprawl invading the landscape. Increasing mobility usually meant that living in the countryside had a negative effect on the landscape. In the Gooi, a region of heathland east of Amsterdam, which, like the dunelands, had a great appeal for wealthy Amsterdammers, the uncontrolled building of new mansions led to an erosion of the countryside. The year 1925 saw the publication of the *Rapport der Centrale Schoonheidscommissie voor het Gooi inzake het behoud van natuurschoon* (Report of the Central Planning Committee for the Conservation of Het Gooi Region). The authors, who included famous architects such as W.M. Dudok, J.W. Hanrath and the landscape gardener D.F. Tersteeg aimed to put an end to forms of property development that encroached too drastically on existing woodlands and other areas of natural beauty. The report concluded government regulations were essential if the woods were to be preserved. A plan by the Amsterdam Socialist councillor De Miranda to build a garden city for working-class families in the woods and heathlands of Het Gooi did not make it. The *Rapport van de Commissie ter bestudeering van het vraagstuk van den bouw eener TUINSTAD of van tuindorpen in de omgeving van Amsterdam* (Committee Report on the Prospective Development of a Garden City or Garden Villages near Amsterdam), published in 1929, made no bones about its preference for smaller garden suburbs that would form part of new city expansion areas. A residential quarter close to the city would also offer a pleasant alternative for the better-off.

The issue of the conflict between new developments and the existing landscape had been raised some years previously at the Amsterdam International Horticultural Congress by the garden designer, K.C. van Nes (1876-1952). This congress was held in 1923 on the occasion of the fiftieth anniversary of the *Koninklijke Nederlandse Maatschappij van Tuinbouw en Plantkunde* (Royal Dutch Society for Botany and Horticulture). The title of Van Nes's lecture, 'The care of scenic beauty and the appearance of the landscape in new expansion areas', did not mince matters.[2] Van Nes came from an old family of tree-nurserymen and, like many of his colleagues, he had specialized in garden architecture. The *Bond van Nederlandse Tuinarchitecten* (Association of Dutch Landscape Gardeners), founded in 1922, even advised its members to avoid nursery activities so as to avoid a conflict of interests. In the twentieth century garden design became a serious profession; increasingly the garden designer was thought of as a *landscape* gardener or architect. In the 1930s Van Nes styled himself a landscape architect and city planner. He became a member of the *Bond van Nederlandse Stedebouwkundigen* (the Dutch Society of City Planners) and of the planning committee of the *Instituut voor Volkshuisvesting en Stedebouw* (Institute for Public Housing and Planning). His lecture was mainly based on his experience in partnership with the municipal architect of Apeldoorn in drawing up a plan for the 600-hectare estate of Berg en Bos. This commission given him by the city of Apeldoorn in 1917 provoked a discussion in the local newspaper about whether a landscape gardener was the proper person to produce an urban extension plan, given that he would be encroaching on the professional terrain of both architects and planners. The discussion was effectively sat on by the architectural journal *De Bouwwereld*[3], which declared that what was involved was not a garden city but a residential neighbourhood and that a garden or landscape architect was thus the right person for the commission. The latter was in the best position to grasp the importance of the existing planting and could give specialist advice about how any new planting could be fitted in. According to the article, 'The landscape architect has the skills to come up with the most beautiful results according to the different seasons. Nature is his material.'

De verdichting en verkleining van bestaande bouwkavels bleek al snel niet meer voldoende om het toenemende aantal welgestelde stedelingen dat 'buiten' ging wonen te accommoderen. De toekomst was weggelegd voor het autoverkeer. Het automobiel veroorzaakte een fundamentele verandering in het stadsontwerp, een urbanisatie verspreid over het landschap. Door de toenemende mobiliteit had het wonen in de natuur veelal een nadelig effect op het landschap. In het Gooi, een heidegebied ten oosten van Amsterdam, dat net als de duinstreek een grote aantrekkingskracht uitoefende op de rijkere Amsterdammers, leidde de ongebreidelde villabouw tot het verdwijnen van het oude landschap. In 1925 werd daarom het *Rapport der Centrale Schoonheidscommissie voor het Gooi inzake het behoud van natuurschoon* uitgebracht. Met dit rapport wilden de auteurs, waaronder bekende architecten zoals W.M. Dudok, J.W. Hanrath en tuinarchitect D.F. Tersteeg een einde maken aan de vormen van exploitatie die al te rigoureus ingrepen in bestaande bossen en ander natuurschoon. De conclusie was dat alleen door regelgeving van de overheid het behoud van met name genoemde bossen gewaarborgd kon worden. Een plan van de Amsterdamse socialistische wethouder De Miranda om een tuinstad voor arbeidersgezinnen te bouwen temidden van de bossen en heide van het Gooi zou het, blijkens het in 1929 verschenen *Rapport van de Commissie ter bestudeering van het vraagstuk van den bouw eener TUINSTAD of van tuindorpen in de omgeving van Amsterdam*, dan ook niet halen. Deze Tuinstadcommissie liet duidelijk de voorkeur uitgaan naar kleinere tuinwijken als onderdelen van stadsuitbreidingen. Voor de rijken zou een villawijk bij de stad ook een alternatief kunnen bieden.

De gespannen verhouding tussen nieuwbouw en het bestaande landschap was een aantal jaren eerder op het Internationaal Tuinbouw-congres van Amsterdam al door de tuinarchitect K.C. van Nes (1876-1952) aan de orde gesteld. Dit congres werd in 1923 ter gelegenheid van het vijftigjarig jubileum van de Koninklijke Nederlandse Maatschappij van Tuinbouw en Plantkunde gehouden. De titel van de lezing van Van Nes, 'De verzorging van natuurschoon en van het landschapsbeeld bij bebouwingsuitbreiding' liet zich raden.[2] Van Nes kwam uit een oude boomkwekersfamilie en had zich net als veel collega-kwekers toegelegd op de tuinarchitectuur. De in 1922 opgerichte Bond van Nederlandse Tuinarchitecten adviseerde tuinarchitecten zelfs kwekerij-activiteiten af te stoten om belangenverstrengeling te voorkomen. In de twintigste eeuw professionaliseerde de tuinarchitectuur in Nederland waarbij er een verschuiving plaatsvond van tuinarchitect naar landschapsarchitect. In de jaren dertig noemde Van Nes zichzelf ook landschapsarchitect en stedenbouwkundige. Hij werd lid van de Bond van Nederlandse Stedebouwkundigen en van de Stedebouwkundige Raad van het Instituut voor Volkshuisvesting en Stedebouw. Zijn lezing was vooral gebaseerd op de ervaring die hij had opgedaan bij de opdracht om in samenwerking met de gemeentearchitect van Apeldoorn een plan op te stellen voor het 600 hectare grote landgoed Berg en Bos. Deze opdracht, die hij in 1917 had gekregen van de gemeente Apeldoorn, maakte in de plaatselijke krant een discussie los over de vraag of een tuinarchitect wel de aangewezen persoon was om dit uitbreidingsplan te maken, aangezien deze daarmee het vakgebied van de architect en de stedenbouwkundige zou betreden. De discussie werd in het architectuurtijdschrift *De Bouwwereld*[3] in de kiem gesmoord met de verklaring dat het hier niet om een tuinstad maar om een villapark zou gaan en dat een tuin- of landschapsarchitect dus de aangewezen persoon was voor de opdracht. Deze had namelijk de beste kijk op de bestaande beplanting en kon adviseren over de inpassing van een nieuwe beplanting. Want, zo stond in het artikel, 'de landschapsarchitect weet in de verschillende jaargetijden de fraaiste effecten te bereiken. De natuur is zijn materiaal'.

Op het bovengenoemde tuinbouwcongres was een kleine tentoonstelling ingericht met de ontwerpen, de plattegrond en fotomateriaal van villapark Berg en Bos. Deze expositie maakte duidelijk op welke wijze het karakter van het oorspronkelijke landschap, een dennenbos, was behouden en in het nieuwe plan werd ingepast. De 'beginselen ter bevordering van natuurlijke schoonheid en behoud van bestaand natuurschoon', waar Van Nes het in zijn lezing over had, kon hij hier volledig in praktijk brengen. Hij had een beplantingsschema met inheemse boomsoorten en planten gemaakt waardoor het park aansloot op het omringende landschap en het leek alsof de landhuizen hier altijd al hadden gestaan.

Op deze manier werd het landschap, ondanks de bebouwing en de onvermijdelijke veranderingen, niet onnodig aangetast. In het ontwerp werd het belang van het natuurschoon onder ogen gezien. Dat deze aanpak nog niet tot de dagelijkse praktijk behoorde bleek echter uit de vele verzoeken die in de jaren dertig aan de overheid werden gericht om zorg te dragen voor behoud van natuurschoon en bestaand landschap. Het streven om de makers van uitbreidings- en streekplannen te interesseren voor ervaren 'landschapsverzorgers' kwam niet alleen van het bestuur van de Nederlandse Vereniging voor Tuin- en Landschapskunst, die vond dat aan het scheppen van nieuw natuurschoon veelal onvoldoende aandacht werd geschonken. Ook de Vereniging tot Behoud van Natuurmonumenten, de Bond Heemschut en allerlei commissies die actief waren in het behoud van de schoonheid van stad en land, zagen regelmatig natuurschoon verdwijnen en gaven hetzelfde advies.[4]

Het uitbreidingsplan van Amstelveen

Broerse was 25 jaar toen hij in 1927 een aanstelling kreeg als tuinbaas in de gemeente Nieuwer-Amstel. Nieuwer-Amstel was een agrarische gemeente, omgeven door een polderlandschap met weiden, een enkele afgegraven veenplas en veel tuindersbedrijven. Amstelveen, het dorp waar later de hele gemeente naar werd vernoemd, stond op dat moment aan de vooravond van ingrijpende stedenbouwkundige veranderingen. De oorzaak hiervan lag vooral bij de groei van het aangrenzende Amsterdam. D.F. Tersteeg (1876-1942), een toonaangevend tuinarchitect van die tijd, had de plannen voor het eerste openbare park van Amstelveen klaarliggen en adviseerde de gemeente om Broerse als beheerder in dienst te nemen. Tersteeg en Broerse hadden elkaar eerder ontmoet tijdens hun werk, onder andere op een buitenplaats in de omgeving van Eindhoven.[5] Het eerste openbare park dat zou worden aangelegd, het Wandelpark, kwam ten noorden van de dorpskern van Amstelveen en de veenplas de Poel te liggen en vormde met de lintbebouwing langs de Amstelveenseweg richting Amsterdam het uitgangspunt voor de toekomstige ruimtelijke ingrepen. Broerse was een bevlogen man en werd in 1931 bevorderd tot directeur van de in hetzelfde jaar opgerichte gemeentelijke afdeling Plantsoenen en begraafplaats Zorgvlied. Als hoofd van deze plantsoendienst raakte Broerse direct betrokken bij een weinig soepel lopend proces waarin Amstelveen steeds meer een deel werd van het stedelijk gebied rond Amsterdam.

In 1934 presenteerde de afdeling Stadsontwikkeling van de Dienst der Publieke Werken het Algemeen Uitbreidingsplan van Amsterdam. Het plan besloeg de stedelijke vernieuwing in de gehele regio. Voor de realisatie van deze plannen moest Amstelveen opnieuw een fors deel van haar grondgebied afstaan aan Amsterdam. De Vaste Commissie voor Uitbreidingsplannen in Noord-Holland had als taak de Amstelveense en Amsterdamse uitbreidingsplannen in goede banen te leiden. Slechts enkele leden, de zogeheten Technische Subcommissie, deden in de dagelijkse praktijk het werk.[6] De Vaste Commissie beoordeelde alle gemeentelijke uitbreidingsplannen en gaf ook sturing aan de projecten om vervolgens het Provinciaal Bestuur weer van advies te dienen. Op verzoek van de commissie waren bij de vergaderingen steeds deskundigen aanwezig. Zo was Tersteeg een tijd lang adviseur van de gemeenten in het Gooi, waar men bezig was met de oprichting van een natuurreservaat. De Vaste Commissie en haar Technische Subcommissie besteedden speciale aandacht aan het stedelijk groen en natuurschoon.

De commissie maakte zich sterk voor een evenwichtige inrichting van groene ruimten en het behoud van de natuur in de omgeving van Amsterdam. De twee speerpunten waren het landschappelijk behoud van de Amsteloevers en het Bosplan. De willekeurige bebouwing die het rivierlandschap van de Amstel, met haar afwisselende vergezichten, in hoge mate

At this horticultural congress a small exhibition was held, with designs, ground plan and photographic material for Berg en Bos. It gave a good idea of how the character of the original pinewoods landscape was preserved and fitted into the new plan. Van Nes could apply in practice here the 'principles of encouraging existing natural assets' that he had spoken of in his lecture. He designed a planting scheme with indigenous trees and plants so that the park would fit in with the surrounding landscape and the country residences would look as though they had always stood there.

In this way the landscape was not encroached on unnecessarily, despite new developments and the changes that they inevitably brought. The large number of appeals to the authorities in the 1930s not to neglect nature conservation and the character of the existing landscape, however, indicates that this approach was as yet far from being part of everyday practice. The efforts to arouse the interest of the makers of extension plans and regional plans in the views of experienced 'landscape minders' did not only come from the board of the *Nederlandse Vereniging voor Tuin- en Landschapskunst* (Dutch Society for the Art of Gardening and Landscaping), which argued that not enough attention was being given to creating new natural beauty. The *Vereniging tot Behoud van Natuurmonumenten*, the *Bond Heemschut* and a number of committees that agitated for the conservation of the scenic beauties of town and country were constantly confronted with instances of natural beauty disappearing; their advice was the same.[4]

The Amstelveen extension scheme

Broerse was 25 years old when he was given the post of head gardener with the local authority of Nieuwer-Amstel. Nieuwer-Amstel was a farming district, surrounded by a polder landscape with pastures, a few excavated meres and many horticultural businesses. At the time Amstelveen, the village that would later give its name to the entire local authority district, was on the eve of decisive changes, mainly due to the explosive growth of neighbouring Amsterdam. D.F. Tersteeg (1876-1942), a trendsetting architect at the time, had already prepared plans for the first public park in Amstelveen and advised the local authorities to appoint Broerse as manager. Tersteeg and Broerse had become acquainted in the course of their work, in particular on a country estate near Eindhoven.[5] The first park to be laid out then, the Wandelpark, was situated north of the village core of Amstelveen and the De Poel mere; with the ribbon development along the Amstelveenseweg towards Amsterdam, it formed the reference point for future spatial interventions. Broerse was a man with a vision and in 1931 he was promoted to the post of director of the Department for Parks and Zorgvlied Cemetery. As head of the Parks Department he got a first-hand view of the not exactly subtle process by which Amstelveen increasingly became part of the outlying suburbs of Amsterdam.

In 1934 the Urban Development Department of the Office of Public Works presented the General Extension Plan for Amsterdam. It covered urban renewal schemes for the whole region. To implement it Amstelveen again had to surrender a large area to Amsterdam. The Permanent Committee for Extension Plans in North Holland was in charge of supervising the extension plans for Amstelveen and Amsterdam. In everyday practice however only a few members, namely the Technical Subcommittee, actually did this work.[6] The Permanent Committee evaluated all the authority's extension plans and gave guidance to projects, after which it made recommendations to the Provincial Administration. At the request of the committee some experts and specialists were always present at meetings. Tersteeg, for instance, served for a long time as a consultant to the local authorities in Het Gooi, in connection with setting up a nature reserve. The Permanent Committee and the Technical Subcommittee specialized in urban green areas and nature conservation.

The Committee made a strong plea then for a balanced layout of green areas and for nature conservation in the area around Amsterdam. The two prongs of their assault

Plan Amstelveen

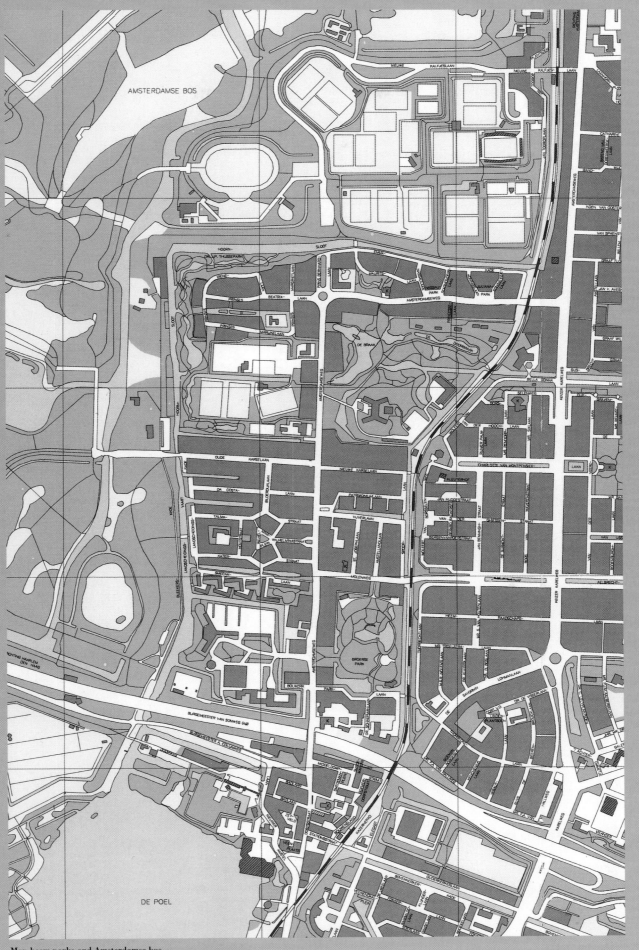

Map heem parks and Amsterdamse bos

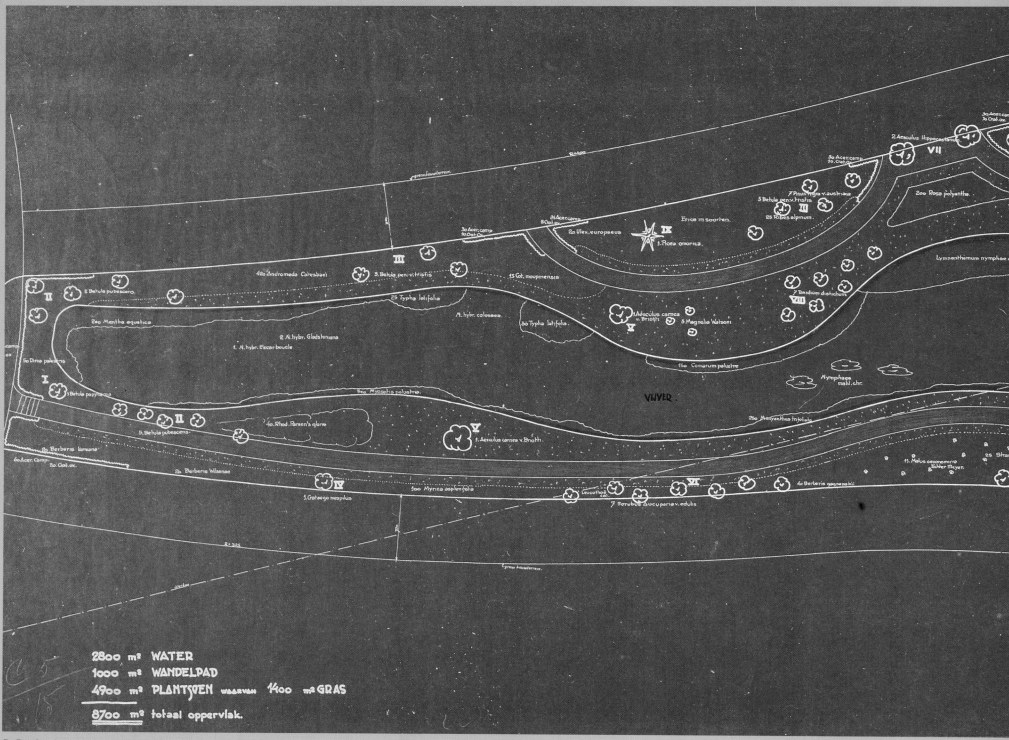

De Doorbraak (1942)

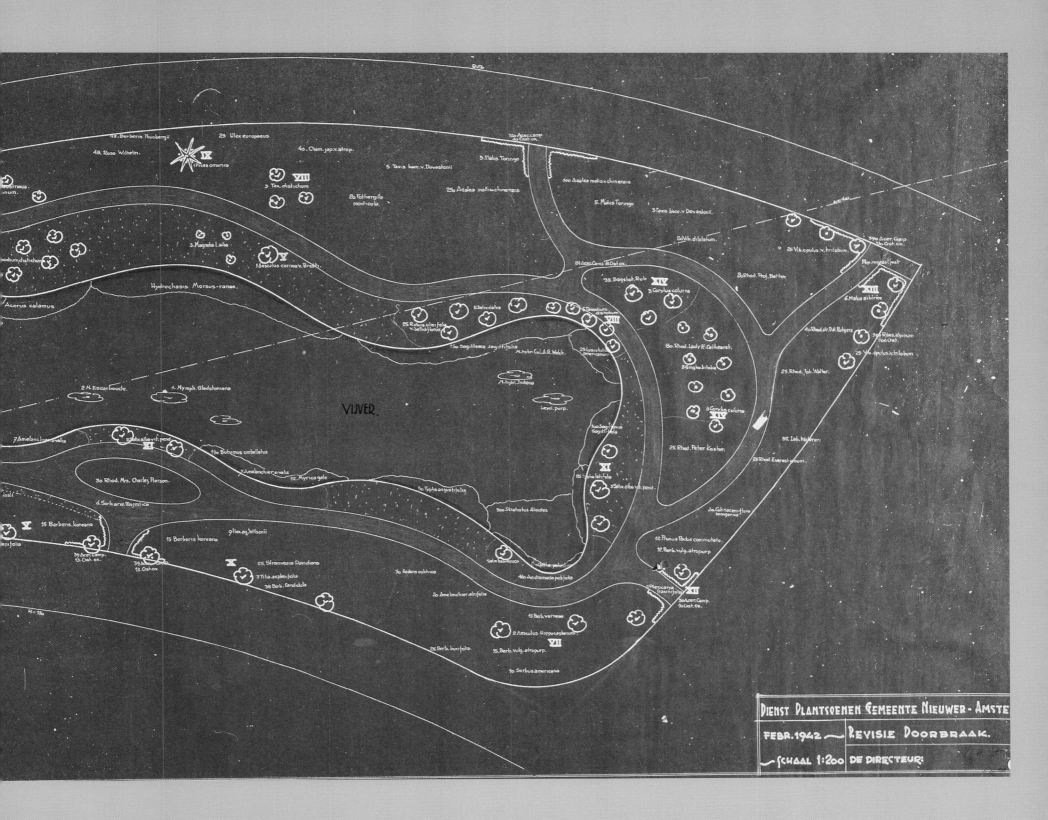

VIJVER.

DIENST PLANTSOENEN GEMEENTE NIEUWER-AMSTE

FEBR. 1942 — REVISIE DOORBRAAK.

SCHAAL 1:200 DE DIRECTEUR:

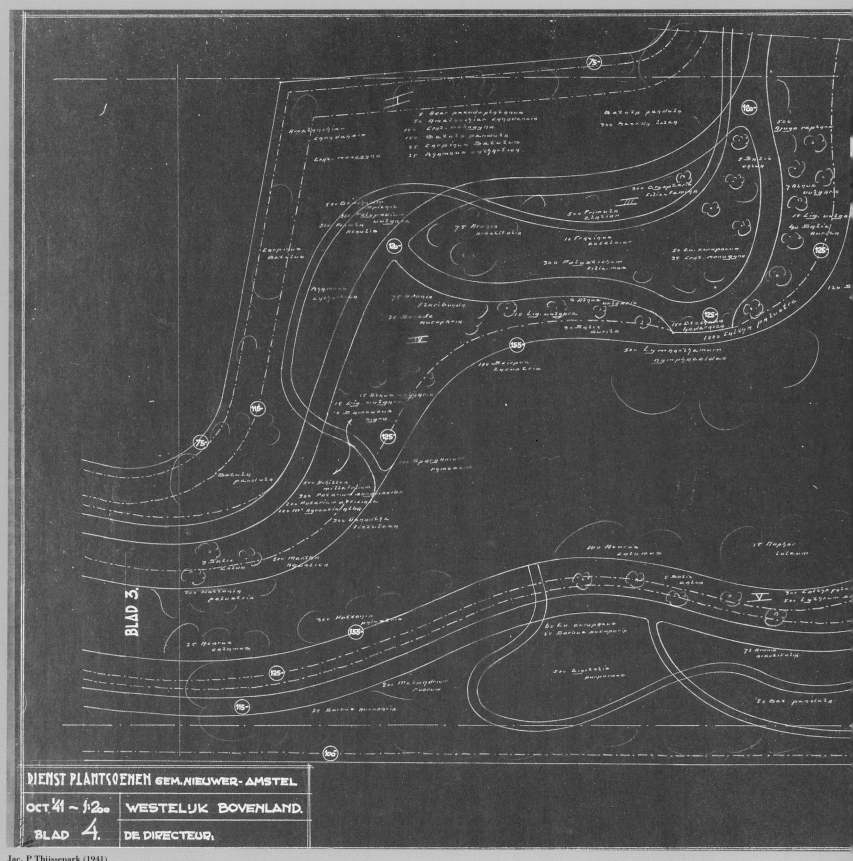

Jac. P Thijssepark (1941)

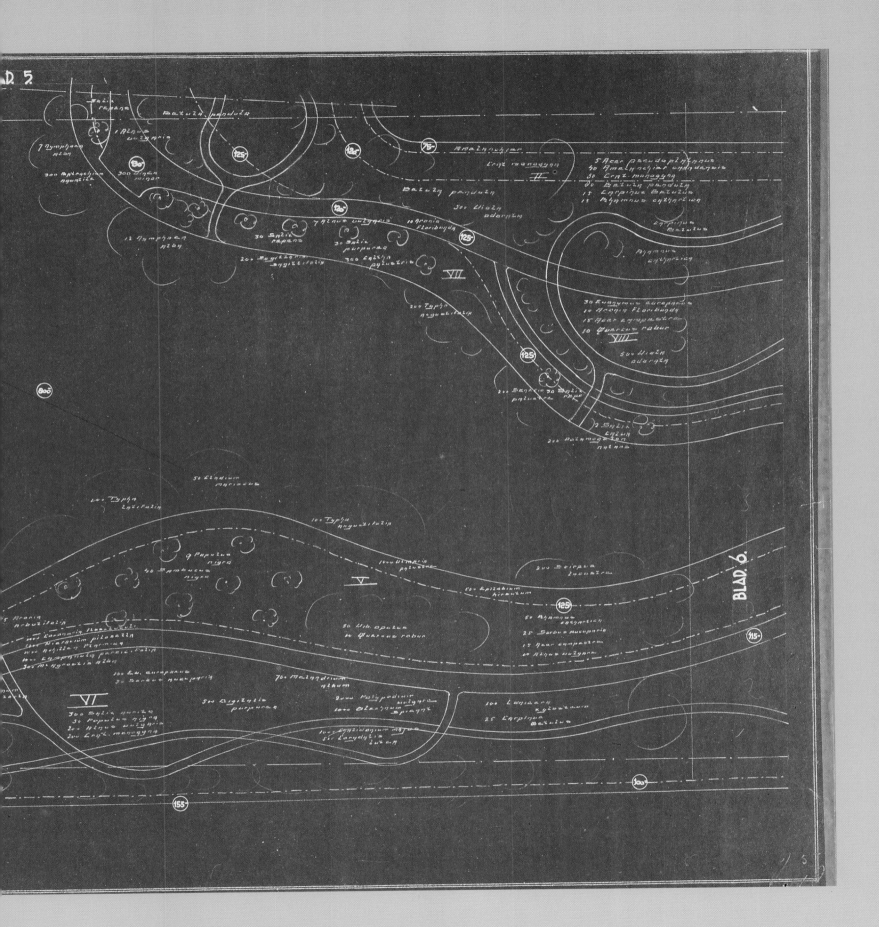

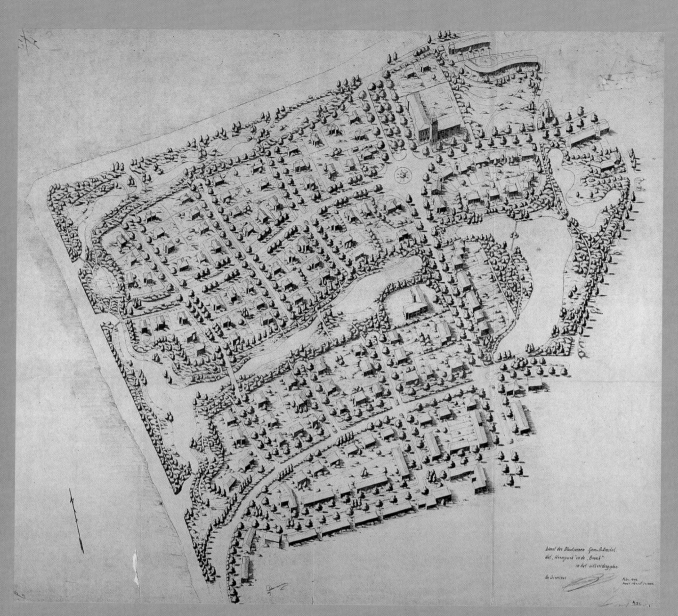

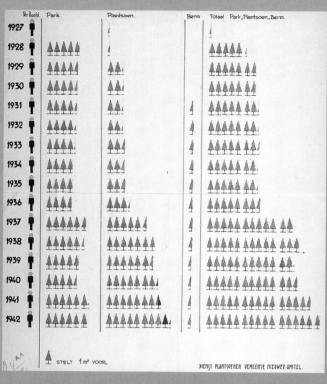

were the conservation of the landscape of the banks of the Amstel and the layout of the Bosplan. Random developments that formed such a blot on the riverine landscape of the Amstel with its varied panoramas were a constant source of exasperation for the Committee. The struggle against exploitation however threatened to get bogged down, especially because both the local authorities prevaricated endlessly over producing a serious extension plan. The aim was to create a sequence of large parks connected with wide strips of green; the Bosplan would be the climax of this design.

As early as 1925 the Permanent Committee had began to tackle the Nieuwer-Amstel Extension Plan of 1924. It was not until 1939 however that the council gave permission for the layout of the first heem park.[7] In the plan, stretches of water such as De Braak, the ring canals of the different polders, De Poel, the Landscheidingsvaart and the Hoornsloot were left virtually unaltered. The committee welcomed the plans to preserve the banks of De Poel, but was distinctly unhappy with the architectural pattern of the whole. The rectangular layout was monotonous and might do harm to the rural character of the district. They did not take long to decide that Amstelveen should be prevented from effectively becoming part of Amsterdam and that the expansion of the village core of Amstelveen was also not a solution. In future Amstelveen was to be independent of Amsterdam, a separate, if adjacent, nucleus.[8] Its location with regard to Amsterdam and the character of the new developments left no room for doubt. A proper mix of built-up and green areas should be developed, and one that related to the existing core. As for the centre of the municipality, it would be better to find a new independent site.

After reviewing a number of altered plans, the Technical Subcommittee held a lengthy meeting in April 1930 in which they discussed the 'character of the plan with regard to the projected green areas'. The mayor of Nieuwer-Amstel or the planner usually attended the discussions about the Nieuwer-Amstel Extension Plan for Amstelveen. One of the committee members, the town planner P. Verhagen, thought that the western edge of the plan would be ineffective as a peripheral development for the Bosplan. The woods would end up much lower than the planned development. The proposed Bosplan, which was to extend to De Poel, had already begun to take on serious proportions after the decision of Amsterdam City Council of 1928; the design however was still only at an early stage.

The Technical Subcommittee came up with a number of important suggestions for the improvement of the plan. One possibility was to connect the Wandelpark, the green areas round De Poel, De Braak and the Bosplan as well as the water areas on both sides of the Amsterdamseweg. There was also a call for the verges of the woods to have more green areas which should also penetrate the built-up parts. Due to their situation and correspondingly greater value, the parcels bordering on the woods could be designated for a very rural type of development. The sort of thing proposed was a reduction of the number of side-streets and the use of sunken roads.[9] By being given a different content the green areas would also become more meaningful. The committee stressed that in drawing up the plan, the wood should be treated as a new element and that all remarks about possible changes should be regarded as suggestions, not as concrete recommendations.

On the drawing that the committee was sent in February 1931 the municipal architect had endeavoured to incorporate the above-mentioned objectives. The surroundings of De Braak were beautified; the verges of the surrounding built-up areas were widened, the view of the lake was improved and possibilities for planting on the banks were kept open. To achieve this the road system also had to be adjusted. In the extension plan more parks and strips of planting were also included. An extra five hectares of ground were left unbuilt-on for the benefit of the park. The profile of the road along the edge of the woods consisted of a narrow carriageway, with a footpath alongside it and a line of trees in between. The road - which incidentally was never built - was redesigned, with

ontsierde was de Vaste Commissie een doorn in het oog. De strijd tegen de exploitatie verliep moeizaam, temeer omdat lange tijd een goed voorbereid uitbreidingsplan in beide gemeenten ontbrak. Er werd gestreefd naar een aaneenschakeling van meerdere grote parken door middel van brede plantsoenstroken en het Bosplan moest hiervan het hoogtepunt gaan vormen.

De Vaste Commissie boog zich al in 1925 over het Uitbreidingsplan Nieuwer-Amstel van 1924. Het duurde echter nog tot 1939 voordat de gemeente toestemming gaf voor de aanleg van het eerste heempark.[7] In het ontwerp waren waterpartijen als de Braak, de ringsloten van de verschillende polders, de Poel, de Landscheidingsvaart en de Hoornsloot vrijwel onveranderd opgenomen. De commissie was zeer te spreken over het sparen van het natuurschoon langs de oevers van de Poel, maar met de architectonische opzet van het geheel was men duidelijk minder gelukkig. De rechthoekige indeling was te eentonig en zou het landelijke karakter van de gemeente kunnen aantasten. Vrij snel kwam de commissie tot de conclusie dat Amstelveen geen onderdeel van Amsterdam mocht worden en dat uitbreiding van de dorpskern Amstelveen ook geen oplossing was. Amstelveen moest in de toekomst een zelfstandige bijkern van Amsterdam worden.[8] De ligging ten opzichte van Amsterdam en de aard van de ontstane bebouwing lieten hierover geen twijfel bestaan. Er zou een goede samenhang tussen bebouwing en groen moeten worden gecreëerd, die aansloot bij de bestaande kern. Voor het centrum kon beter naar een nieuwe, zelfstandige plek worden gezocht.

Na het passeren van enkele gewijzigde plannen vormde het 'karakter van het plan in verband met het ontworpen groen' een punt van uitvoerige bespreking tijdens een vergadering van de Technische Subcommissie in april 1930. Meestal was de burgemeester van Nieuwer-Amstel of de ontwerper bij de besprekingen van het Uitbreidingsplan van Nieuwer-Amstel voor Amstelveen aanwezig. Een van de leden, de stedenbouwkundige P. Verhagen, oordeelde dat de westelijke rand van het plan niet voldoende was ontworpen als randbebouwing van het Bosplan. Het bos kwam veel lager te liggen dan de geprojecteerde bebouwing. Het Bosplan, dat zich zou gaan uitstrekken tot aan de omgeving van de Poel, had door het Amsterdamse raadsbesluit in 1928 al serieuze vormen aangenomen, de ontwerpfase verkeerde echter nog in een pril stadium.

De Technische Subcommissie deed een aantal belangrijke suggesties ter verbetering van het plan. Een van de mogelijkheden was om het Wandelpark, het groen langs de Poel, de Braak en het Bosplan met elkaar te verbinden, evenals de ontworpen waterpartijen aan beide zijden van de Amsterdamseweg. Bovendien zag men aan de rand van het bos graag wat meer groen dat verder tussen de bebouwing zou doorlopen. De percelen grenzend aan het bos zouden door hun ligging en de grotere waarde geschikt zijn voor een zeer landelijke vorm van bebouwing. Daarbij viel te denken aan een vermindering van het aantal dwarsstraten en het gebruik van holle wegen.[9] Ook zou door een andere invulling het groen meer gaan spreken. Met nadruk stelde de commissie dat bij de samenstelling van het plan het bos als een nieuw element moest worden aanvaard en dat alle opmerkingen over de aan te brengen wijzigingen slechts suggesties waren en geen concreet advies.

Op de tekening die de commissie in februari 1931 kreeg toegezonden had de gemeentearchitect getracht bovengenoemde wensen te verwerken. Zo was de omgeving van de Braak verder verfraaid; de grenzen van de omliggende bebouwing waren verwijd, het uitzicht op de plas verbeterd en de mogelijkheden voor oeverbeplanting opengehouden. Om dit te bereiken moest wel het hele stratenpatroon worden aangepast. Ook waren er in het uitbreidingsplan meer plantsoenen en beplantingsstroken opgenomen. Ten behoeve van het park was ruim vijf hectare land onbebouwd gelaten. Het profiel van de weg direct langs de bosrand zou bestaan uit een smalle rijweg met daarlangs een wandelpad die van elkaar gescheiden waren door een bomenrij. Deze weg, die er overigens nooit is gekomen, was opnieuw ontworpen met hulp van de Inspecteur voor de Volkshuisvesting D.E. Wentink, tevens adviseur van de Vaste Commissie. De Poel bleef haar oorspronkelijke aanzien

De Braak (1967)

behouden, alleen werd de plantsoenaanleg aan de noordoever aanzienlijk uitgebreid. De commissie was hier vanuit stedenbouwkundig oogpunt zeer gelukkig mee, omdat zo op de plaats waar de Amsterdamseweg bij de Poel uitkomt het mooie uitzicht over het water werd opengehouden.

De Technische Subcommissie vond dat de nabijheid van het toekomstige Bosplan zich nog altijd niet genoeg deed gevoelen.[10] In 1931 keurde de Kroon de onteigeningswet voor de aanleg van het bos goed. Intussen werd duidelijk dat het bos in overeenstemming moest worden gebracht met de bebouwing; dit was de belangrijkste taak van de ontwerper. Alleen de relatief brede Landscheidingsvaart lag ertussen. Over de vraag waar de overgang moest komen te liggen kon men natuurlijk van mening verschillen. Met het profiel van de weg langs het bos, die niet bestemd was voor interlokaal verkeer, en de beplantingsstroken als mogelijke overgang, kon de commissie zich in eerste instantie wel verenigen. Ondanks het feit dat in de nabijheid van het Amsterdamse Bos een groot park niet echt nodig werd geacht, dacht men echter wel aan meer groen en een ander type bebouwing. Naar aanleiding van haar nota voor de wijziging van het vastgestelde maar niet goedgekeurde uitbreidingsplan van Nieuwer-Amstel in maart 1933, stelde de secretaresse van de Vaste Commissie, de stedenbouwkundig ontwerper E. van den Ban voor, een positief advies met enkele voorwaar-

the help of D.E. Wentink, Housing Inspector and consultant to the Permanent Committee. De Poel preserved its original appearance, although the park layout on the north bank was made much larger. The committee was delighted with this model of city planning, which retained the beautiful view across the water at the point where the Amsterdamseweg joins De Poel.

The Technical Subcommittee thought that the proximity of the prospective Bosplan still was not being adequately taken account of.[10] In 1931 the Compulsory Purchases Act for the layout of the wood was given the royal assent. Meanwhile it had become clear that it was essential that the woodlands and the built-up areas be harmonized; this was now to be the planner's foremost task. Between them there was nothing but the relatively wide Landscheidingsvaart. On the question of where the transition was to come, opinions might of course differ. The committee could in the first instance rest content with the profile of the road past the wood, which was not intended for long-distance traffic, with the strips of planting as potential transition. Despite the fact that it was not thought really necessary to have a large park in the neighbourhood of the Amsterdamse Bos, the members were interested in having larger green areas and a different type of built development. With the backing of her memorandum on the changes in the extension plan of March 1933 for Nieuwer-Amstel, which had been decided on but not ratified, the secretary of the Permanent Committee, the town planner E. van den Ban, proposed a positive recommendation with some qualifications and comments. So far no one had raised any objection to the committee's remark that the poor harmonization between the plan for the western part of the development and the adjacent Bosplan was not in itself reason for adjusting the plan. The basic plan for the municipality of Nieuwer-Amstel, open of course to being revised as to its details, was finalized in 1934 and approved the following year after an exceptionally long preparatory phase.

The pace of construction meant that facts on the ground in Nieuwer-Amstel were often a step ahead of revisions in the plan. The committee saw it as vital that the lands adjacent to the wood should remain open as long as possible because otherwise one would only get middle-class housing there, while later, once the wood had been laid out, the district would be more suited to housing for the better-off. The committee was uncertain about how to continue with the consultation process, all the more so because doubts had arisen about the professionalism of the municipal architect. First of all it was crucial to take on a good planner and the committee deliberated on how to broach the situation diplomatically. Van den Ban meanwhile had contacted the garden designer Tersteeg. He was well-known in Amstelveen and all hopes were pinned on him. The question was whether he could make a less rigid and more countrified design, one that would conform to people's concept of a 'romantic' image. Besides his sketches for De Braak, Tersteeg worked on the designs in conjunction with the municipal architect; they collaborated for instance on the improvement of the junction of the Amsterdamseweg and the provincial highway, treating the view across De Poel with the utmost respect.

In June 1939 then the municipal architect presented Van den Ban with an altered plan for Amstelveen, with plenty of green areas and winding roads. Striking too was the structure of the open residential development towards De Poel. The part of the Oude Karselaan that ended up in the Bosplan was closed to traffic.[11] Van den Ban drew the architect's attention to a couple of oddities. She thought that the ambitious-looking road, with separate frontage roads and a lot of planting, leading to the Oude Karselaan and the entrance to the woods was somewhat superfluous. In a subsequent meeting the committee discussed the matter in greater detail, because the most important requirements, namely the layout of a wide green strip along the west side alongside the wood and the improvement of the green strips between the built-up areas, had not been complied with. Other questions were less urgent. The lack of sports grounds was compensated for in part by those in the Bosplan specially designed for sports clubs. Some solutions had also been worked out for the rail link from Amsterdam to Aalsmeer, which for the time being was retained, resulting in dangerous level crossings on the road to and from the woods and the heem parks. In the future the railway line would perhaps continue to be useful for recreational traffic to and from the wood and the Westeinderplassen.

The green strip along the Bosplan was widened. A continuous wide strip along the verge of the woods was not possible because of existing development along and to the south of the Oude Karselaan. With a gradual diminishing of building density towards the wood, the green areas became more effective. In the northern corner the plan contained a development with detached or semi-detached villas with a minimum capacity of 500m^3 and separated by a distance of at least 10 metres. Recreational traffic between the eastern residential districts and the wood passed through a series of green areas without any unnatural twists and bends. A parking area was created at the entrance to the wood. No areas for specific leisure activities were included in the design, even though these would have made for a good transition to the wood. The extension plan - of which the part along the wood was only a section - allowed room for a total of 52,000 occupants. An enquiry showed that ownership of a single-family dwelling with a garden was the most compelling reason living in Amstelveen. Amsterdam had a legitimate fear that people

den en opmerkingen uit te brengen. Er was vooralsnog geen bezwaar tegen de opmerking van de commissie dat de geringe overeenstemming tussen het ontwerp van de meest westelijke bebouwing en het aangrenzende Bosplan geen aanleiding gaf tot een aanpassing van het ontwerp. Het basisplan voor de gemeente Nieuwer-Amstel, dat in onderdelen kon worden herzien, werd na een zeer lange voorbereiding in 1934 vastgesteld en in 1935 goedgekeurd.

Nieuwer-Amstel had te maken met het probleem dat door het snelle bouwtempo de feiten vaak vooruitliepen op de gewenste herzieningen van het plan. De commissie achtte het van groot belang de aan het bos grenzende terreinen zo lang mogelijk open te houden omdat men daar anders slechts middenstandsbebouwing zou krijgen, terwijl het gebied later, na de realisatie van het bos, geschikt zou zijn voor een wijk voor meer kapitaalkrachtigen. De commissie vroeg zich af hoe het verder moest met de advisering, temeer daar er twijfel was gerezen over de deskundigheid van de gemeentearchitect. Allereerst was het zeer wenselijk een goed ontwerper in te schakelen en de commissie beraadde zich op de meest tactische handelwijze. Van den Ban had inmiddels contact gelegd met tuinarchitect Tersteeg. Hij was een oude bekende in Amstelveen en op hem was alle hoop gevestigd. De vraag was of hij een meer landelijk en minder stijf ontwerp kon maken, een ontwerp dat zou beantwoorden aan een 'romantisch' beeld. Behalve aan de schetsen voor het terrein bij de Braak werkte Tersteeg samen met de gemeentearchitect aan de ontwerpen; onder meer ter verbetering van de kruising van de Amsterdamseweg met de provinciale weg, waarbij veel waarde werd gehecht aan het uitzicht over de Poel.

Bij haar bezoek aan de gemeentearchitect in juni 1939 kreeg Van den Ban een gewijzigd plan voor Amstelveen onder ogen, met veel groen en gebogen wegen. Opvallend was ook de structuur van de open villabebouwing in de richting van de Poel. Het gedeelte van de Oude Karselaan dat uitkwam op het Bosplan was voor het rijverkeer afgesloten.[11] Van den Ban attendeerde de architect nog op een paar eigenaardigheden. Zo vond ze de groots opgezette weg, met gescheiden ventwegen en veel beplanting, die uitkwam op de Oude Karselaan en de toegang naar het bos, wat overbodig. Bij een bespreking in een volgende vergadering ging de commissie verder in op details, want aan de belangrijkste wensen, de aanleg van een brede groenstrook langs de westzijde tegen het bos en de verbetering van de groenstroken tussen de bebouwing, was nog niet tegemoet gekomen. Andere kwesties waren minder urgent. Het gebrek aan sportterreinen werd gedeeltelijk gecompenseerd door sportterreinen in het Bosplan die speciaal voor verenigingen waren ontworpen. Ook had men enkele oplossingen bedacht voor de spoorlijn van Amsterdam naar Aalsmeer, die voorlopig niet opgeheven zou worden waardoor gevaarlijke verkeerskruisingen op de weg van en naar het bos en de heemparken in stand werden gehouden. De spoorlijn zou in de toekomst wellicht van belang blijven voor recreatieverkeer van en naar het bos en de Westeinderplassen.

De groene strook langs het Bosplan werd breder. Een doorlopende brede strook tot aan de grens van het bos was niet mogelijk door de bestaande bebouwing langs en ten zuiden van de Oude Karselaan. Door naar het bos toe de bouwdichtheid geleidelijk te verminderen kon de werking van het groen worden vergroot. Het plan omvatte in de noordelijke hoek een bebouwing met enkele of dubbele villa's met een minimale inhoud van 500 m^3 en een onderlinge afstand van ten minste tien meter. Het recreatieverkeer tussen de oostelijke woonwijken en het bos vond plaats door een aaneenschakeling van groene verbindingen zonder onlogische knikken en bochten. Bij de ingang van het bos kwam een parkeerterrein. In het ontwerp waren verder geen terreinen voor actieve recreatie opgenomen, hoewel deze een goede overgang zouden vormen naar het bos. Het uitbreidingsplan, waarvan het gedeelte langs het bos slechts een onderdeel vormde, bood in totaal ruimte aan 52.000 inwoners. Uit een enquête bleek dat het bezit van een eengezinswoning met tuin de belangrijkste reden was voor vestiging in Amstelveen. In Amsterdam bestond een gegronde angst voor deze trek naar Amstelveen. De stad bood weliswaar voldoende werk en ontspanningsgelegenheden, maar onvoldoende huisvesting voor vermogende inwoners.

In oktober 1941 bracht de Vaste Commissie een positief advies uit aan Gedeputeerde Staten van Noord-Holland over het herziene uitbreidingsplan op de onbebouwde percelen ten noorden van de provinciale weg Schiphol-Diemen, het gebied ten westen van de spoorlijn Amsterdam-Aalsmeer en het terrein grenzend aan het Bosplan. Het oude plan was in vele opzichten, met name door de bosaanleg, verouderd. Het herziene plan, met de grotere woningen, hun gunstige ligging en het daarmee samenhangende karakter van Amstelveen als woonplaats, de detaillering in aansluiting op het bos, de brede, diep in de woonwijken dringende groenstroken met waterpartijen en wandelpaden, was naar oordeel van de Vaste Commissie zeer aantrekkelijk en doelmatig. Enkele maanden later werd het plan goedgekeurd.

De Vaste Commissie benaderde Amstelveen vanaf het begin met meer tact dan andere gemeenten, in het bijzonder vanwege de enorme groei die deze forenzengemeente te

would decide to move there. While the city offered enough work and leisure facilities, it had insufficient housing for the well-to-do.

In October 1941 the Permanent Committee gave the Provincial Executive of North Holland an affirmative opinion on the revised extension plan for the unbuilt-on parcels north of the secondary road from Schiphol to Diemen, the region west of the Amsterdam-Aalsmeer railway line and the terrain along the edge of the Bosplan. In many respects the old plan had become dated, particularly because of the wood layout. In the view of the Committee the revised plan was very attractive and purposeful with its larger houses, favourable location and Amstelveen's correspondingly enhanced character as a place to live, the detailing in the link with the wood, the wide green strips that ran deep into the housing areas with footpaths and stretches of water. Some months later it was approved.

Right from the start the Permanent Committee approached Amstelveen with more

De Braak (1977)

tact than it did other authorities, particularly because of the enormous growth expected in this commuter town and because of the green axes to be realized on either side of the future town. On more than one occasion the committee had to urge Amstelveen to maintain its positive attitude towards the Bosplan, which was mainly laid out on its territory, and not to cooperate with property developers under any circumstances. The redrawing of local authority boundaries in 1921, which had worked to the advantage of Amsterdam, was not something that Nieuwer-Amstel would soon forget. A start had meanwhile also been made on implementing the plans in the region immediately next to the future Amsterdamse Bos, between the Landscheidingsvaart, the Hoornsloot and the Amsterdamseweg, and between De Poel and De Braak. In its entirety the area around De Braak and the Jac.P. Thijssepark, a residential neighbourhood with access to the wood, offers a unique image from the viewpoint of both landscape gardening and city planning. The development moreover cannot be compared with that of other districts in Amstelveen and Amsterdam. In many respects the revised extension plan of 1941 differed sharply from earlier plans, because ideas in the field of public housing and planning had changed. The growth of Amstelveen and the steady implementation of the Bosplan created a situation in which more and more attention was focused on the unbuilt-up areas. For this reason then the plan was crucially concerned that the new development fitted in with the existing situation. The fashion of geometrical developments, so typical of the planning of older neighbourhoods, had been abandoned. The design of the water in De Braak, an area of great natural interest, was the dominant feature in the northern part. This lake was made wider with ponds and adjoining planting on both west and east banks. The layout of the southern part remained the same and projected ponds and planting on the west side of the Amsterdamseweg were linked to the Wandelpark, the present Broersepark, on the far side of the road.

The aim was that the new planting would help promote the sale of building lands, given that in the view of experts the local authority was still only poorly provided with 'attractive natural assets'. The idea of creating an environment for the houses of the well-to-do fitted in with the nineteenth-century ideal of a mix of parklands and country life. In more than one respect the residential neighbourhood in its green setting had maintained its high value and social prestige. Each house would get a different type of architecture. A hierarchy of important through-roads and side-streets was introduced in the street pattern. These side-streets were intended for local traffic and meant that the houses were accessible by car. The design took some account of the fear of the loss of traditional values in a rapidly changing landscape. The relation with the nineteenth-century landscape would survive due to the preservation of the old meres and later on through the choice of planting in the heem parks. The design as a whole is a magnificent example of the 'intervention' of landscape and landscape design in urban planning prior to the Second World War.

The layout of De Braak and the Jac.P. Thijssepark
The economic malaise of the late 1930s led to a stagnation in the distribution of plots for new housing. With job creation in mind, the local authorities pressed for an accelerated tempo in building public parks, a state of affairs that formed part of a long tradition. In fact most of the parks in the Netherlands were laid out as a form of job creation. In the winter months, when there was no employment on the farms, and during periods of widespread unemployment one could get the surplus labour force to do the spadework prior to laying out these parks.

In the Autumn of 1939 Broerse delivered his drawings for the park layout near De Braak. It would be the first project in which he could give concrete form to his ideas about park layouts in peaty soil.[12] Broerse, who worked for the Amstelveen parks department for a total of forty years, was given an important commission immediately

wachten stond en vanwege de groenassen die aan weerszijden van de toekomstige stad gerealiseerd zouden worden. Meerdere malen moest de commissie Amstelveen verzoeken een positieve houding te blijven aannemen ten aanzien van het Bosplan, dat grotendeels op Amstelveens grondgebied werd aangelegd, en vooral geen medewerking te verlenen aan exploitanten. De gemeentelijke herindeling van 1921, die in het voordeel van Amsterdam uitpakte, lag Nieuwer-Amstel nog vers in het geheugen. Inmiddels was gestart met de uitvoering van de plannen in het gebied direct grenzend aan het toekomstige Amsterdamse Bos, tussen de Landscheidingsvaart, de Hoornsloot en de Amsterdamseweg, en tussen de Poel en de Braak. Als geheel heeft het gebied bij de Braak en het Jac.P. Thijssepark, een villapark met entree naar het bos, een vanuit landschapsarchitectonisch en stedenbouwkundig oogpunt uniek beeld opgeleverd. Ook de bebouwing is niet te vergelijken met andere wijken in Amstelveen en Amsterdam. In een aantal opzichten verschilde het herziene uitbreidingsplan van 1941 sterk met eerdere ontwerpen, doordat de inzichten op het gebied van volkshuisvesting en stedenbouw waren gewijzigd. De groei van Amstelveen en de gestage aanleg van het Bosplan creëerde een situatie waarbij meer en meer de aandacht op de onbebouwde gebieden werd gevestigd. Daarom was in het ontwerp naar een goede aansluiting gezocht met de bestaande situatie. Men was afgestapt van de geometrie, die zo kenmerkend was voor de ontwerpen van de oudere wijken. Het ontwerp van waterpartij de Braak, een gebied van natuurhistorisch belang, beheerste het noordelijk deel. Deze plas werd door middel van vijvers met aansluitende beplanting in westelijke en oostelijke richting voortgezet. De opzet van het zuidelijke gedeelte was hetzelfde en de geprojecteerde vijvers en beplantingen aan de westzijde van de Amsterdamseweg werden verbonden met het Wandelpark, het huidige Broersepark, aan de andere zijde van de weg.

De bedoeling was dat de beplanting de toekomstige verkoop van bouwterreinen zou bevorderen, aangezien deskundigen vonden dat de gemeente nog slecht bedeeld was met 'attractief natuurschoon'. Het idee om een omgeving voor villabouw te creëren sloot aan op het negentiende-eeuwse ideaal van een combinatie van parkaanleg en landelijk wonen. In meerdere opzichten had de villawijk in het groen haar hoge waarde en sociale prestige behouden. Elk huis zou een ander type architectuur krijgen. In het stratenpatroon werd een hiërarchie aangebracht van belangrijke doorgaande verkeerswegen en zijstraten. Deze zijstraten waren bedoeld voor plaatselijk verkeer en boden de mogelijkheid om met de auto tot aan de huizen te komen. In het ontwerp was enigszins tegemoet gekomen aan de angst voor het verlies van oude waarden in het snel veranderende landschap rond Amstelveen. De relatie met het negentiende-eeuwse landschap zou hier blijven voortbestaan door het behoud van de oude veenplassen, maar later ook door de beplantingskeuze bij de aanleg van de heemparken. Het geheel is een prachtig voorbeeld van de 'interventie' van landschap en landschapsontwerpen in de stedenbouw vóór de Tweede Wereldoorlog.

De aanleg van park de Braak en het Jac.P. Thijssepark
Door de economische malaise eind jaren dertig stagneerde de uitgifte van percelen voor de huizenbouw. Met het oog op werkverschaffing drong het gemeentebestuur aan op een versnelde aanleg van enkele openbare parken, een gang van zaken die paste in een lange traditie. In feite zijn de meeste Nederlandse openbare parken aangelegd als een vorm van werkverschaffing. De wintermaanden, wanneer de landbouw stil kwam te liggen, en perioden van grote werkeloosheid, bleken ideaal om het overschot aan arbeidskrachten in te schakelen bij het verrichten van grondwerkzaamheden die voorafgingen aan de beplanting.

Broerse, die in totaal veertig jaar bij de plantsoendienst van Amstelveen zou werken, kreeg na zijn promotie tot directeur in 1931 meteen een belangrijke opdracht. De negentiende-eeuwse, aan de Amstel gelegen begraafplaats Zorgvlied, ontworpen door de architectenfirma J.D. Zocher & L.P. Zocher, was aan uitbreiding toe. In contrast met de slingerpaden en de romantische aanleg van weleer ontwierp de gemeentearchitect van Nieuwer-Amstel een uitbreiding waarbij geometrische lijnen en monumentale assen werden toegepast. Broerse was verantwoordelijk voor het beplantingsplan, dat hij baseerde op de natuurlijke gesteldheid van de bodem. In tegenstelling tot de oude, monumentale bomen op het negentiende-eeuwse deel van de begraafplaats, koos Broerse voor soorten als sierkers en berk. Hetzelfde patroon werd toegepast in de eerste Amstelveense woonwijken. De waterlopen van de droogmakerijen bleven als structuurbepalende elementen gehandhaafd en aansluitend op het werk van zijn leermeester Tersteeg liet Broerse de beplanting van het Wandelpark doorlopen in die van de oudere woonwijken. Dit deed hij door uitsluitend inheemse plantensoorten te gebruiken. Juist bij de beplanting en het beheer van de parken kwam het echte talent van Broerse naar voren. Ontwerpen op papier was voor hem bijzaak en hier besteedde hij dan ook zeker niet de meeste tijd aan.

Tegen het eind van de jaren dertig had Broerse een meer zelfstandige manier van werken ontwikkeld en was hij minder afhankelijk van Gemeentewerken. Hij kreeg assistentie van Landwehr, die als één van de velen met zijn kwekerij moest wijken voor de aanleg van het Bosplan. De samenwerking tussen Broerse en Landwehr zou bepalend worden voor de toekomst van het Amstelveense groen en de ontwikkeling van de heemparken. Broerse was een gedreven persoonlijkheid met een goed gevoel voor ruimtelijke verhoudingen en Landwehr had een gespecialiseerde botanische kennis, die zeer goed van pas zou komen bij de kweek en toepassing van inheemse planten. Landwehr's plantenkennis en artistieke talenten kwamen later onder meer tot uiting in het standaardwerk over wilde orchideeën in Nederland (1977). Hij was een begaafd tekenaar en illustreerde zijn botanische werken zelf. Ook de contouren van het Jac.P. Thijssepark legde hij vast op tekening.

Broerse presenteerde in het najaar van 1939 de tekeningen voor de parkaanleg in de omgeving van de Braak. Het zou het eerste project worden waarin hij zijn ideeën over de aanleg van een park op veenbodem kon uitwerken.[12] In zijn ontwerpen voor de heemparken de Braak, de Doorbraak, het Jac.P. Thijssepark en het Mauritsplantsoen, het huidige Koos Landwehrpark, paste Broerse gebogen lijnen toe. De parken zijn in ruimtelijk opzicht evenwichtig opgebouwd en te herkennen aan de toepassing van grote groepen van dezelfde planten en een sterke structuur van bomen en struiken.

De Braak heeft zijn ontstaan waarschijnlijk te danken aan een breuk in de oude dijk waarover nu de Amsterdamseweg loopt. Aan de noordzijde van de weg lag voor de inpoldering in de jaren twintig namelijk een andere grote plas, 't Karnemelks Gat. Het maaiveld van het gebied bij de Braak lag 1,39 m. onder N.A.P. en het peil van het grondwater was gemiddeld 1,55 m. onder N.A.P. Dit was een miniem verschil wanneer voor een normale groei van bomen uitgegaan wordt van gemiddeld anderhalve meter tussen het maaiveld en het grondwater. Ondanks de lage ligging en drassige bodem waren er slechts enkele eenvoudige aanpassingen nodig in de waterhuishouding. In perioden van langdurige droogte vielen de Braak en omliggende sloten echter ook wel eens droog. Om het risico van uitdroging en beschadiging van de oeverbeplanting in het toekomstige park uit te sluiten werd een verbindingsduiker onder de Amsterdamseweg aangelegd zodat vanuit een sloot in de Buitendijkse Buitenveldserse polder zonodig water kon worden ingelaten.

De oude veenplas was het centrale element in het ontwerp. De veenbodem van deze ondiepe plas was ongeveer twee meter dik met daaronder klei. Het uitgebaggerde veen leverde voldoende op voor een lichte ophoging van het terrein. Van de veenbodem rondom de plas werd de bovenlaag ondergespit zodat de zuivere veenlaag, die voorheen onder het grondwater lag, boven kwam te liggen. De paden, verhard met riet en bagger en afgebakend met takken, droegen bij aan het behoud van de 'natuurlijke' sfeer van de aanleg. Drijvende bruggen, eveneens gemaakt van takken, vormden een verbinding met het schiereiland in de plas. Het hout van de bruggen was gedrenkt in een oplossing van wolmanzout waardoor het een groene tint kreeg. Een nieuwe oeverlijn verving de waterpartij die als gevolg van het voortwoekerende riet en moerasplanten geslonken was. Broerse was ervan overtuigd dat een inheemse beplanting de beste resultaten zou opleveren. De natuurlijke ontwikkeling van een plantengemeenschap, een natuurlijke samenleving van planten die om

after being promoted as head of the department in 1931. Zorgvlied, a nineteenth-century cemetery on the river Amstel built by the architects firm of J.D. Zocher and L.P. Zocher, was due for expansion. In contrast with the winding paths and romantic layout of the original cemetery, the municipal architect of Nieuwer-Amstel designed an expansion in which geometrical lines and monumental axes were employed. Broerse was responsible for the planting plan, which he based on the natural conditions of the soil. In contrast with the ancient monumental trees in the nineteenth-century part of the cemetery, Broerse opted for species such as flowering cherry and birch trees. He used a similar pattern in the first residential areas of Amstelveen. The water courses of the land reclamation schemes were preserved as structural elements and, in keeping with the work of his preceptor Tersteeg, Broerse let the planting of the Wandelpark merge with that of the older housing areas. He did this with exclusive use of indigenous plants. Broerse's real genius lay in his feeling for planting and his skill in supervising the parks. Designs on paper were secondary for him, not something he spent a great deal of time on.

Towards the end of the 1930s Broerse had devised a more autonomous working method and was less dependent on the Public Works Department. His assistant was Landwehr - one of many growers forced to make way for the Bosplan layout. The partnership between Broerse and Landwehr would play a decisive role in the future of the green areas of Amstelveen and in the design of the heem parks. Broerse had a single-minded temperament and an excellent feeling for spatial proportions, while Landwehr possessed specialized knowledge of botany, that came in good stead in cultivating and making use of indigenous plants. Landwehr's knowledge of plants and his artistic skills were later to come into their own in his standard work on wild orchids in the Netherlands (1977). He was moreover a gifted draughtsman and the illustrations in his botanical books were all by him. He also produced a pictorial record of the Jac.P. Thijssepark. In his designs for the heem parks - De Braak, De Doorbraak, the Jac.P. Thijssepark and the Mauritsplantsoen (the present Koos Landwehrpark) - Broerse made full use of curving lines. In spatial terms these parks have a balanced structure and are immediately recognizable with their large groups of the same plants and well-defined organisation of trees and shrubs.

De Braak probably owes its existence to a gap in the old dike over which the Amsterdamseweg now runs. On the north side of the road there was another large pool before the polder was created in the 1920s - 't Karnemelks Gat. The ground level of the area round De Braak was 1.39 m. under N.A.P. (Normal Amsterdam Level) and the subsoil water was an average of 1.55 m. under N.A.P. This was a minimal difference if thinks of trees as normally requiring an average of one and a half metres between ground level and subsoil water. Despite the low-lying ground and the marshy soil, only a few simple alterations were required for the water management. In long periods of drought De Braak and the surrounding ditches had however been known to run dry. To exclude any risk of soil dehydration and damage to the planting on the banks in the park, a culvert was laid under the Amsterdamseweg so that, if need be, water could flow into the area from a ditch in the Buitendijkse Buitenveldserse polder.

Central feature in the plan was the old mere. The peaty bottom of this shallow pool was roughly two metres thick with clay beneath it. The peat that was dredged was enough for a slight elevation in the ground. The upper layer of the peaty soil round the mere was dug up so that the pure layer of peat, previously underneath the ground water, was now exposed. The paths that were surfaced with rushes and dredgings and marked off with branches, added to the 'natural' atmosphere of the layout. Floating bridges, also of branches, connected the peninsula in the pool with the banks. The bridges were made of wolman pressure treated wood, which gave them a greenish colour. The bank was given a new line, replacing the stretch of water that had shrunk due to a wild growth

De Doorbraak (1941)

of rushes and marsh plants. Broerse was convinced that native planting was the best solution. The natural growth of a 'community' of plants, a natural coexistence of plants that for various reasons - climate or soil type - grew together, was of fundamental importance for the structure of the heem park round a mere where few flowering plants grew originally.[13] At the outset of the work the banks were overgrown with reeds, bulrushes, cowbane, cursed buttercup, great water dock and other plants. In the surrounding meadows and ditches were duckweed, pondweed, hornwort and ragged robin. In the fields the white trunk of a birch could be discerned here and there. The layout also involved cutting back the original planting to form larger groups. In the water Broerse had white and yellow waterlilies, and water gentian. The banks were adorned with sweet flag, flowering rush, bogbean, yellow iris, willow-herb, king-cups, buckler fern and bugler.

In the spring of 1941 the council decided to expand the layout of De Braak between the Amsterdamseweg and the railway with the ponds and footpaths of De Doorbraak. Here too, besides embellishment, job creation was a telling argument for implementing the plans at an early stage. First of all, adjoining De Braak, a pond was dug towards the

verschillende redenen, zoals klimaat of bodemsoort, bij elkaar groeiden, was dan ook van fundamenteel belang voor de opbouw van het heempark rondom een plas waar van oorsprong weinig bloeiende planten voorkwamen.[13] De oevers waren voor aanvang van de grondwerken begroeid met onder andere riet, kleine lisdodde, waterscheerling, blaartrekkende boterbloem en waterzuring. In de omringende weilanden en sloten was kroos, fonteinkruid, gewoon hoornblad en echte koekoeksbloem te vinden. In het veld rees hier en daar de witte stam van een berk op. Bij de aanleg werd de oorspronkelijke beplanting tot grotere groepen teruggebracht. In het water liet Broerse witte waterlelies, gele plomp en watergentiaan planten. De oevers werden verrijkt met onder meer kalmoes, zwanebloem, waterdrieblad, gele lis, harig wilgenroosje, dotterbloem, moerasvaren en kruipend zenegroen.

In het voorjaar van 1941 besloot de gemeenteraad de parkaanleg van de Braak tussen de Amsterdamseweg en de spoorlijn uit te breiden met de vijvers en wandelpaden van de Doorbraak. Ook hier was, naast verfraaiing, werkverschaffing een zwaarwegend argument voor een vervroegde uitvoering van de plannen. Eerst werd aansluitend op de Braak een vijver gegraven naar de oostelijk gelegen ringvaart van de Middelpolder. De waterverbinding tussen de Braak en de ringvaart zorgde voor nieuwe mogelijkheden van bemaling en afvoer van overtollig water. Waar wandelpaden en vijvers elkaar kruisen werden dammen en duikers aangelegd. Een voetgangersbrug onder de spoorbrug over de ringvaart verbond het park met de plantsoenen in de wijk Elsrijk, waar Broerse in dezelfde periode eveneens heemplanten toepaste. De Doorbraak, die bijna vier hectare aan de Braak toevoegde, had geen sfeerbepalende elementen zoals een 'natuurlijke' plas. Dit maakte het mogelijk een ideaal evenwicht te creëren tussen de vijvers en de oeverbeplanting. Bij de beplanting hield Broerse rekening met factoren als bodemsoort, waterhuishouding, kalkgehalte en klimaat. De inheemse beplanting werd opgedeeld in een aantal lagen, afhankelijk van de grondwaterstand. Een groep elzen met een onderbeplanting van rankende helmbloem, hop en stekelvarens ging op een hoger gelegen gedeelte van het park over in een berken-wilgenbos, waar naast berken ook gagel, kruipwilg en dopheide voorkwamen. Ter verfraaiing voegde Broerse hier nog brem en kraaiheide aan toe, waartussen hij schroefmos liet groeien. Het hoogst gelegen waren het wilgen-populierenbos en het eiken-haagbeukenbos met onder meer esdoorn, beuk, kardinaalsmuts, brunel, kornoelje, hazelaar en bosandoorn. De planten waren afkomstig uit de 'natuur' in de omgeving. Vooral een onderbeplanting van kruiden, waarvoor de inheemse planten zich bij uitstek leenden, werd weinig toegepast in de tuinarchitectuur van die tijd. Het aantal verschillende houtsoorten was gering en ook een gazon hoorde volgens Broerse niet in een heempark thuis. Hij vond hiervoor een geschikt alternatief in een bloemenweide met speenkruid, pinksterbloem, verschillende soorten boterbloemen en veldzuring die elkaar in bloei opvolgden. In de Braak en de Doorbraak zijn momenteel ongeveer driehonderd kruidensoorten te vinden.

Het Jac.P. Thijssepark, dat pas in het begin van de jaren vijftig naar de bekende natuurbeschermer is vernoemd, kan als het meest geslaagde voorbeeld van een heempark worden beschouwd. Broerse maakte hier een zeer afgewogen ruimtelijke indeling van water en open en gesloten beplanting. In de zomer van 1941 vonden de eerste besprekingen plaats over de aanleg van dit park in de Westelijke Bovenlanden van de Buitendijkse Buitenvelderse polder. Het vrijwel onbebouwde gebied had een oppervlakte van in totaal 24 hectare en lag aan de andere zijde van de Amsterdamseweg, tussen de Hoornsloot, de Landscheidingsvaart en de Oude Karselaan. In september van hetzelfde jaar werd besloten ook dit terrein te voorzien van vijvers en beplanting. De verkoop van grond door het gemeentelijk grondbedrijf was bij het uitbreken van de Tweede Wereldoorlog volledig tot stilstand gekomen. De kosten voor dit project waren hoger begroot dan de werken aan de Braak. Naast meanderende waterpartijen kwam er in de uiterste noordwesthoek van het park een vijf meter hoge 'heuvel'. Vanaf deze heuvel had men aanvankelijk een fraai uitzicht over het meters lager gelegen Bosplan dat toen in aanleg was. Aan de Amstelveense zijde was het park met een sloot van de weilanden gescheiden.

De beplanting in de Braak was in eerste instantie gebaseerd op de natuurlijke plantengemeenschappen van een laagveengebied, waarbij het natuurlijke proces van veenvorming, ofwel verlanding, een belangrijke rol speelde. In het Thijssepark werd echter wat minder rigide met het begrip plantengemeenschap omgegaan en wat meer variatie aangebracht. Overigens is men ook bij de beplanting van het naburige Bosplan op advies van de Boscommissie, die bestond uit deskundigen op het gebied van onder meer biologie en bosbouw, uitgegaan van natuurlijke plantengemeenschappen. In het Bosplan zou men echter vanwege de hoge onderhoudskosten afzien van de rijke onderbeplanting die zo kenmerkend is voor de heemparken. Het eindresultaat was dan ook totaal anders. Toen de Duitse bezetter steeds meer Nederlandse werklozen in Duitsland tewerkstelde werd de uitvoer van het plan in de tweede helft van 1942 gestaakt. Slechts een kwart van het Jac.P. Thijssepark, vanaf de ingang aan de Prins Bernhardlaan tot aan de heuvel, was toen afgerond.

Na de oorlog is het werk hervat in de vorm van een zogeheten DUW-project van de Rijksdienst Uitvoering Werken. Dit hield in dat de rijksoverheid de loonkosten subsidieerde. Afgezien van het verdwijnen van een paar bruggen had het park niet van de oorlog te lijden

ring canal round the Middelpolder to the east. The water linking De Braak and the ring canal gave new possibilities for drainage and getting rid of superfluous water. At points where paths and ponds converge, dams and culverts were laid. A footbridge under the railway bridge over the ring canal joined the park up with the gardens in the district of Elsrijk, where Broerse also introduced 'heem' plants at this time. De Doorbraak, that gave De Braak almost five extra hectares, did not itself have any singular features such as a 'natural mere'. This made it difficult to establish a proper balance between the ponds and the littoral planting. In his choice of planting Broerse took factors such as soil type, water management, limestone-rich content and climate into account. The native planting was divided up into a number of layers, depending on the groundwater level. A group of alders with an underplanting of climbing monkshood, hop plants and toothed wood ferns turned at a higher part of the park into a birch and willow wood, with, besides the birch, bog myrtle, creeping willow and bell-heather. Broerse also added broom and crowberry with convoluted barbula moss in between. The highest part was the wood of poplars and willows and the oak and hornbeam wood, that also included sycamore, beech, spindle, self-heal, dogwood, hazel and woundwort. The plants all came from the surrounding 'natural' environment. A herbacious underplanting that the native plants were ideally suited to was something rare in the garden architecture of that period. The number of different sorts of wood was limited and in Broerse's opinion a lawn did not belong in a heem park. A suitable alternative was a flowery meadow with lesser celandine, ladies smock, various sorts of buttercup and dock that bloomed one after the other. Currently there are about three hundred herbaceous varieties in De Braak and De Doorbraak.

The Jac.P. Thijssepark, which was named after the well-known conservationist only at the beginning of the 1950s, can be regarded as the most successful of all the heem parks. Broerse made a very carefully considered spatial layout combining water with open and closed planting. The first discussions about the layout of the park in the Westelijke Bovenlanden of the Buitendijkse Buitenvelderse polder were held in the summer of 1941. The area, which was virtually entirely undeveloped, was 24 hectares in area and was situated on the far side of the Amsterdamseweg, between the Hoornsloot, the Landscheidingsvaart and the Oude Karselaan. In September of the same year the decision was taken to provide the terrain with ponds and planting. Land purchases by the municipal development corporation had come to a complete halt by the outbreak of the Second World War. The costs of the project were assessed as higher than those for De Braak. Besides meandering stretches of water a five metre high 'hill' was to be laid out in the far north-west corner of the park. From this hill one originally had a splendid view over the much lower-lying Bosplan that was being laid out at the time. On the Amstelveen side the park was separated from the meadows by a ditch.

The planting in De Braak was initially based on the natural plant communities of a low-lying fen region, where the natural process of peat formation played an important role. In the Thijssepark however the approach to the notion of plant communities was less rigid and more variety was introduced. In the neighbouring Bosplan plant communities also formed the departure point; this was recommended by the *Boscommissie* (Woodlands Committee) consisting of specialists in fields such as forestry and biology. Due however to the high costs of maintenance the luxuriant undergrowth that is such a feature of the heem parks was dropped, giving a totally different result. Halfway through 1942 when the German occupier started sending more and more of the Dutch unemployed classes to work in Germany, work on the park had to stop. By then only a quarter of the Jac.P. Thijssepark, from the entrance on the Prins Bernhardlaan to the hill, had been finished.

The work was taken up again after the war in the form of a job creation project of the *Rijksdienst Uitvoering Werken* (State Department for Building Projects). Apart

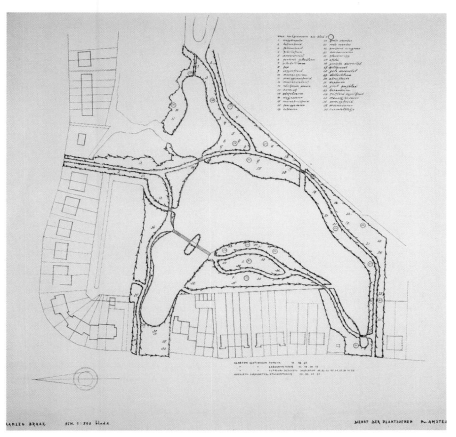
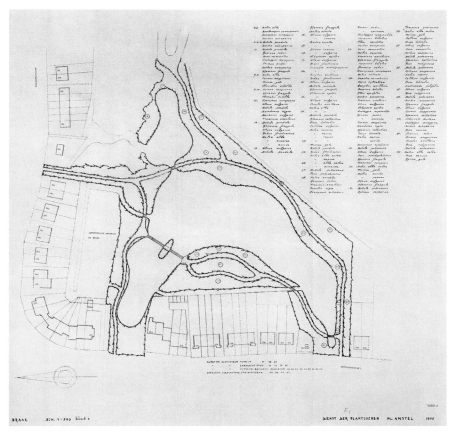

Plant schemes de Braak (1944)

from a couple of vanished bridges, the park had not suffered during the war. Revisions to the plan were put off for a number of years however. Meanwhile in 1947 work had begun on the layout of a marshy area in the Mauritsplantsoen. In the rough grasslands of this tiny park in a residential area, one finds bog myrtle, willow and birch. When sixty building plots were finally put up for sale, to the south of the completed part of the Jac.P. Thijssepark, the assumption was that the sale and development of these relatively large plots of ground would take some time. In the expectation that this land would sooner or later be exploited, sports grounds were planned here on a temporary basis. Broerse saw no aesthetic objection to the planned building development being replaced by sports grounds; from the planning viewpoint too the laying out of sports grounds, in the Amsterdamse Bos for example, made little difference.

The drawings of 1950 and 1963 for the expansion of the Thijssepark along the Landscheidingsvaart envisaged the development of the existing park. The plan had previously been expanded with a natural swimming pool, but this was eventually realized elsewhere. The central section of the park was given some relatively large ponds and a planting scheme was again drawn up based on a notion of different varieties of vegetation native to the Netherlands.

The preparations for the implementation of one of the last links in this green chain, the area between the Oude Karselaan and the Overburg sports fields, was embarked on roughly in 1970. A comparatively narrow plot had to be made to look visually as wide as possible and the unsightly view of the backyards on the Oude Karselaan had to be masked. To achieve this, the ditch at the back was partly filled in. B. Galjaard, Broerse's successor in 1967 as director of the parks department, completed the work on the layout of the Thijssepark in the summer of 1972 with the assistance of Landwehr. Meanwhile the title of the department had changed and it was now known as the *Dienst voor Plantsoenen, Sport, Jeugd en Recreatie* (Department of Parks, Sport, Youth and

gehad. De bijstelling van het ontwerp liet echter nog enkele jaren op zich wachten. Intussen was men in 1947 wel begonnen met de aanleg van een moerasgebied in het Mauritsplantsoen. In het ruige grasland van dit kleine parkje middenin een woonwijk, staan voornamelijk gagel- en wilgenstruiken en berken. Toen uiteindelijk ten zuiden van het voltooide deel van het Jac.P. Thijssepark zestig bouwpercelen konden worden uitgegeven, bestond reeds het vermoeden dat de verkoop en bebouwing van deze relatief grote terreinen wel enige tijd in beslag zou nemen. In afwachting van de uiteindelijke exploitatie waren hier tijdelijk sportvelden geprojecteerd. Broerse zag geen esthetisch bezwaar tegen de wijziging van de geplande bebouwing in een sportterrein en ook uit stedenbouwkundig oogpunt was op de aanleg van sportvelden, zoals in het Amsterdamse Bos, weinig aan te merken.

De tekeningen die in 1950 en 1963 zijn gemaakt voor de uitbreiding van het Thijssepark langs de Landscheidingsvaart toonden een voortzetting van het bestaande park. Het plan was eerder uitgebreid met een natuurbad voor openluchtrecreatie, maar dit werd later elders gerealiseerd. Het middengedeelte van het park kreeg enkele relatief grote vijvers en het beplantingsschema werd opnieuw samengesteld op basis van een interpretatie van verschillende in Nederland voorkomende vegetaties.

De voorbereidingen voor de uitvoering van een van de laatste schakels in de groenstructuur, het gebied tussen de Oude Karselaan en sportpark Overburg, startte omstreeks 1970. Een betrekkelijk smal perceel moest optisch zo breed mogelijk gemaakt worden en het onaantrekkelijke uitzicht op de achtererven aan de Oude Karselaan maskeren. Om dit te bewerkstelligen werd de achterliggende sloot gedeeltelijk aangeplempt. B. Galjaard, die Broerse in 1967 was opgevolgd als directeur van de plantsoendienst, inmiddels de Dienst voor Plantsoenen, Sport, Jeugd en Recreatie, rondde in de zomer van 1972 met Landwehr het werk voor de aanleg van het Thijssepark af. In de laatste fase werd, zoals eerder in de Braak, een verlandingsoever aangelegd die de hele ontwikkeling van de moerasflora van het

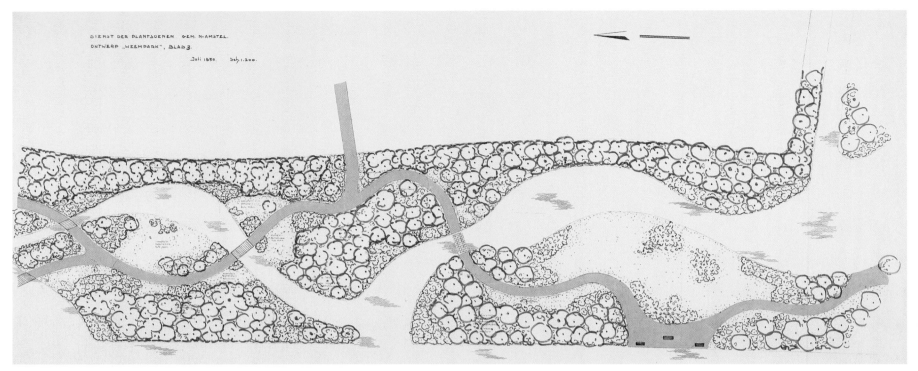

Jac. P. Thijssepark (1950)

begin tot het eindstadium liet zien. Galjaard en Landwehr introduceerden bovendien een aantal nieuwe planten. Een directe aansluiting op het Amsterdamse Bos bij de Oude Karselaan, zoals dat eerder in het uitbreidingsplan Westelijk Bovenland 1954 was opgenomen, ging niet door. De angst voor beschadiging van planten en het verdwijnen van de rust werden als belangrijkste redenen aangevoerd.

Zestig jaar na aanvang van de eerste werkzaamheden zijn de parken voor het merendeel volgroeid en kan men zich een goed beeld vormen van de bedoelingen van de ontwerper. Het Thijssepark leent zich het beste voor een beschrijving. Een wandeling start, net als bij de Braak en de Doorbraak, bij verschillende relatief verborgen ingangen aan de Amsterdamseweg. Het Jac.P. Thijssepark heeft eveneens een ingang aan de Prins Bernhardlaan. De ruimtelijke indeling wordt bepaald door het besloten karakter van de open ruimten die via corridors en wandelpaden vloeiend in elkaar overlopen en is bovendien gericht op het verkrijgen van een zo groot mogelijke dieptewerking. De wandeling voert zo van de ene verrassende ruimte naar de andere. Door een aflopend hoogteverschil naar de vijver lijkt het park langer dan het is. Ook de hoge begroeiing aan de horizon en aan beide zijden van de vijver accentueren de lengte en slingerende lijnen in de randbeplanting versterken het geheel. De contouren van de vaak solitair geplaatste bomen tijdens de wisseling van seizoenen zijn belangrijk voor het totaalbeeld, door de verschillen in textuur en kleur van de stammen, de knoppen en de bouw van de kroon. Het steeds veranderende aanzicht en de lichtinval maken dat het park geen moment verveelt. 'Belichting' was voor Broerse dan ook een belangrijke factor in de tuinarchitectuur. De verschillende ruimten en paden van het Jac.P. Thijssepark hebben namen als mosdal, heuvel, moerasvarenvijver, kornoeljehoek, het ven en de kom. Het ven, een veertig meter brede vijver met een rijke oeverbeplanting is de grootste open ruimte in het park. De ruimtelijke werking wordt hier versterkt doordat op één oever de beplanting laag is gehouden. De vijvers staan in open verbinding met aftakkingen van de Hoornsloot en de Landscheidingsvaart. In het heempark kan de wandelaar in betrekkelijk korte tijd vele plantensoorten vinden die elders in het land in het wild voorkomen. Het is dus meer dan een interpretatie van een veenlandschap en geeft een beeld van verschillende nationale landschapstypen. Deze afwisselende begroeiing is geschikt voor het leren kennen van wilde planten maar geeft ook een goed beeld van de natuurlijke soortencombi-

Recreation). As had earlier occurred in De Braak, a bank was laid out on new peatland displaying every stage of the marshy flora. Galjaard and Landwehr also introduced a number of new plants. A direct link-up with the Amsterdamse Bos at the Oude Karselaan, as included earlier in the Westelijk Bovenland extension plan of 1954, was not implemented. The chief argument was that it might damage the plants and disturb the repose of the area.

Sixty years after work was first begun the parks are by now fully grown, so that one gets a good picture of what the designer had in mind. The Thijssepark is the most easily described. As in De Braak and De Doorbraak, the tour begins at various relatively concealed entrances on the Amsterdamseweg. The Jac.P. Thijssepark also has an entrance on the Prins Bernhardlaan. The spatial division is defined by the closed character of the open spaces that are smoothly linked with each other by corridors and footpaths; it aims furthermore to achieve as great a perspective effect as possible. The walk leads from one surprising space to another. Due to the different level as one descends towards the pond, the park looks longer than it is. The high cover on the horizon and both sides of the pond also accentuates the length, while the twisting lines in the edging add to this impression. The contours of the trees - often solitaries - altering with the seasons, contribute to the general picture, with the various textures and colours of their trunks, buds and crowns. The constantly changing aspect and incidence of light means that the park is never dull. For Broerse 'lighting' was an important factor in garden architecture. The different 'rooms' and paths in the Jac.P. Thijssepark have names like 'mossy valley', 'hill', 'marsh fern pond', 'dogwood corner', 'mere' and 'basin'. The mere, a forty-metre wide pond with littoral planting, is the largest open space in the park. The perspective effect is added to by the fact that the cover is low along one of the banks. The ponds link up with branches of the Hoornsloot and the Landscheidingsvaart. In the heem park the visitor sees in a comparatively small compass many varieties of plants that grow wild elsewhere in the country. It has thus become more than simply an interpretation of a peatland landscape, and various national landscape types are represented there. This constantly changing vegetation is not simply useful for visitors as a teaching aid about wild plants; it also gives them a good picture of

natural combinations of species and vegetation, or of different landscapes including a flowery water meadow, excavated fenlands and a stretch of water in which one can see the different stages of peat formation, from water to marsh. The Thijssepark can be read like a book of nature, from bend to bend, from corner to corner and pond to pond. It is not about natural beauty or the individual plants. It is the whole picture that counts here, with no single spot looking like any other.

Landscape gardening and nature
As mentioned already the Amstelveen heem parks originated in a concern with the conservation of a natural landscape and a knowledge of wild plants. De Braakpark and the Jac.P. Thijssepark were laid out at a time when landscape gardening was turning to the

naties en vegetaties, of van landschappen waaronder een bloemrijke natte weide, afgegraven laagveen en een waterpartij waarin de verschillende verlandingsstadia van de ontwikkeling van water naar moeras te volgen zijn. Het Thijsse-park laat zich lezen, bocht na bocht, hoek na hoek, vijver na vijver. Het gaat niet alleen om decoratie of afzonderlijke planten maar om het totaalbeeld; geen een plek lijkt op de andere.

Tuinarchitectuur en natuur
Dat de Amstelveense heemparken zijn ontstaan uit de belangstelling voor het behoud van een natuurlijk landschap en de kennis van wilde planten is hierboven al genoemd. De Braak en het Jac.P. Thijssepark werden aangelegd in een tijd dat in de tuinarchitectuur de aandacht werd verlegd naar sociale en praktische aspecten van het ontwerpen. De sleutel tot een

'moderne' landschapsarchitect lag vooral besloten in de term recreatie en de belangstelling voor sport en beweging. Een heempark had daar in principe weinig mee te maken. Toch heeft dit nieuwe type openbaar park een oorsprong en betekenis die veel verder reikt dan het nostalgische aspect dat er regelmatig aan wordt verbonden.[14]

Aan het eind van de negentiende eeuw publiceerde Het Nederlandsche Tuinbouwblad, een tijdschrift dat tot dan toe de tuinbouw vooral van praktische informatie voorzag, een paar artikelen over de opkomst van de zogeheten natuurstijl in de tuinarchitectuur. Eén van deze artikelen, geschreven door H.O. van der Linden van Snelrewaard, betrof een verslag van de hortus in Berlijn, nog voor deze naar Dahlem verhuisde, waar onder leiding van directeur A. Engler (1884-1930) een begin werd gemaakt met de ontwikkeling van de plantengeografie.[15] Engler verruimde de gebruikelijke functies van een botanische tuin, zoals het systematisch instandhouden van een verzameling planten, met een indeling die was gebaseerd op de plantengeografische wetenschap. Hij maakte voornamelijk gebruik van vegetaties uit het noordelijk gematigd klimaat. Als plantengeograaf bracht Engler in wetenschappelijke onderzoeken naar de geologische, historische, bodemkundige en klimatologische oorzaken voor het ontstaan van plantengemeenschappen, naast exotische beplantingen, vrijwel de hele inheemse flora van Duitsland in kaart. Invloedrijke werken zijn de Syllabus der Pflanzenfamilien en Die natürlichen Pflanzenfamilien. Deze studies kunnen worden gezien als de voorlopers van de hedendaagse plantenecologie. Bij zijn onderzoek ging Engler zoveel mogelijk uit van ongerepte, niet door mensenhand beïnvloede streken. In de Berlijnse Hortus liet hij een bijzondere verzameling alpenplanten verwerken in een schaalmodel van een bergketen. De begeleidende gids gaf een uitvoerige beschrijving van een wandeling door een 'moeilijk begaanbaar moeras' in het dal naar de acht meter hoge 'bergtop'. Deze miniatuur bergketen bracht Van der Linden van Snelrewaard op het idee om ook in Nederland een geïdealiseerd stuk natuur, bestaande uit flora van het Limburgse mergelland, hoog- en laagveen of van de duinstreek te creëren.

Niet geheel toevallig zat de bekende natuurkundige en directeur van de Amsterdamse Hortus Botanicus, H. de Vries (1848-1935), in de redactie van Het Nederlandsche Tuinbouwblad. Net als zijn voorgangers en collega's probeerde De Vries de biologie dienstbaar te maken aan de land- en tuinbouw. Hij promoveerde op 'De invloed der temperatuur op de levensverschijnselen der planten' en werkte daarna een lange periode in het buitenland, waaronder Duitsland. Hij brak internationaal door met zijn mutatietheorie, een vervolg op Darwins evolutieleer. Direct na zijn aanstelling als directeur voerde De Vries plantengeografische vernieuwingen door. Een van de eerste veranderingen in de botanische tuin was de aanleg van enkele natuurlijke plantengroepen, waarbij planten met overeenkomstige levenswijzen bij elkaar werden gezet. In een kunstmatig veentje plantte De Vries, geassisteerd door de redactie van het nieuwe natuurhistorische tijdschrift De Levende Natuur waarvan ook Thijsse deel uitmaakte, op een betrekkelijk klein oppervlak plantensoorten die rechtstreeks uit de veenplassen afkomstig waren. Het veenbassin met een lengte van tien meter en een breedte van drieënhalve meter, werd opgedeeld in een meertje met de flora van de Kortenhoefse plassen en een deel met planten van de Gooise en Gelderse heidestreken. Dit experiment zou later van invloed zijn op de ontwikkeling van de Nederlandse tuin- en landschapsarchitectuur.

Het door de biologische wetenschap geïntroduceerde begrip 'plantengemeenschap' was aan het begin van de twintigste eeuw nog niet zo vertrouwd binnen de tuinarchitectuur. Men had ontdekt dat veel planten gebonden waren aan bepaalde streken en daarbuiten minder of niet voorkwamen. De overeenkomsten waren soms zo overtuigend dat een groep planten het beeld van een landschap bepaalde. Het besef dat natuurlijke omstandigheden voor een plantengemeenschap doorslaggevend waren kreeg rond 1900 een wetenschappelijke betekenis. Op zandgronden groeide een andere combinatie van planten dan in veenof kleigebieden. Dit betekende tevens dat in een klein land als Nederland dus een arsenaal aan markante vegetaties te vinden was. Na intensief veldonderzoek en veel tijdrovende

social and practical aspects of the design process. The key to the 'modern' landscape architecture lay in the term 'recreation' or leisure and the concern with sport and exercise. In theory a heem park would seem to have little to do with this. But this new type of public park has an origin and significance that goes deeper than the nostalgic sentiment usually ascribed to it.[14]

At the end of the nineteenth century Het Nederlandsche Tuinbouwblad, a magazine that had until then mainly offered practical information about gardening, published a couple of articles on the rise of the 'natural style' in garden design. One of these articles, by H.O. van der Linden van Snelrewaard, consisted of a description of the Botanical Gardens in Berlin, before it moved to Dahlem where a start was made under the directorship of A. Engler (1884-1930) on the development of a geography of plants.[15] Engler added something new to the normal functions of a botanical garden, such as the systematic conservation of a collection of plants, with a classification based on plant geography or phytogeography, mainly drawing on northern temperate vegetation. Engler was a phytogeographer who charted virtually the whole native flora of Germany, as well as exotic plantings. His research covered the geological, historical, pedological and climatological causes of the origins of plant communities. Influential works of his include the Syllabus der Pflanzenfamilien and Die natürlichen Pflanzenfamilien. They can be seen as forerunners of the present science of plant ecology. Engler's research relied as much as possible on virgin, untouched territory. In the Berlin Botanical Gardens he grew a remarkable collection of alpine plants in a scale-model of a mountain range. The accompanying guide book gave a detailed description of a journey through from an 'almost impenetrable swamp' in the valley to the eight-metre high 'summit'. This miniature range gave Van der Linden van Snelrewaard the idea of creating a similar idealized natural scene in the Netherlands, consisting of flora from the Limburg marl land, the moors and fenlands or the coastal dune landscape.

It was not entirely a coincidence that the well-known naturalist and director of the Amsterdam Hortus Botanicus, H. de Vries (1848-1935), was on the editorial board of Het Nederlandsche Tuinbouwblad. Like his predecessors and colleagues, De Vries endeavoured to put biology at the service of agriculture and horticulture. His PhD thesis was on 'The influence of temperature on the life of plants'; he went on to work abroad for a long period, including in Germany. His international breakthrough came with his theory of mutation, that formed a sequel to Darwin's theory of evolution. Immediately after his appointment as director, De Vries introduced phytogeographical innovations at the Hortus. One of his first alterations was to the layout of some natural groups of plants, placing plants with a similar 'lifestyle' next to each other. In the comparatively small area of an artificial peat bog, De Vries, assisted by the editors (including Thijsse) of the new natural history magazine De Levende Natuur, grew species of plants that came directly from the fenland meres. This peat basin, ten metres long and 3 1/2 wide, included a little lake with flora from the Kortenhoef meres and another part with plants from the heathlands of Het Gooi and Gelderland. The experiment would later have a great influence on Dutch garden and landscape design.

The concept of a 'plant community' introduced by biologists was not yet a familiar one in landscape gardening at the start of the twentieth century. It had had been discovered that many plants were linked to certain regions and occurred either less or not at all outside them. The resemblances were sometimes so striking that a group of plants could be said to define the image of a landscape. The awareness that natural conditions were decisive for a 'plant community' was given scientific authority in about 1900. A different mix of plants grew on sandy soil than that which one found in clay or peaty regions. This also meant that a remarkable wealth of types of vegetation cold be found in a small country like the Netherlands. After in-depth field research and many time-consuming plant inventories, the Netherlands was divided into eleven plant-geographical districts, defined on the basis of the occurrence or even the absence of certain species of plants. By now the number of flora districts has grown to fifteen.

Botanists, natural historians and representatives of societies for the preservation of nature became increasingly involved in decision-making processes around the layout of town and country.[16] The movement showed more and more interest in the natural-historical background of city parks. Proof of this is the publication of the pamphlet *In het Vondelpark* (1901), in which E. Heimans and Jac.P. Thijsse wrote about the plants and trees in this famous Amsterdam park. As teachers and authors of a large number of articles and books, Heimans and Thijsse made an important contribution to popularizing the study of natural history. Most initiatives in the field of nature studies in the Netherlands originated in Amsterdam, where a whole number of associations and clubs flourished. It was the *Nederlandse Natuurhistorische Vereniging* (Dutch Society for Natural History) for instance that laid the basis for the *Vereniging tot Behoud van Natuurmonumenten*, founded in 1905. The Society's standpoint was that: 'all the noteworthy parts of the soil of the Netherlands, all the noteworthy fauna, flora and natural communities in the Netherlands, as well as important remains of human historical activity, that are in danger of extinction due to increases in cultivation or other cause'[17], could be preserved, provided there was enough money to purchase the terrain in question. Eventually much of what was thought of as scenic beauty would disappear due to population growth and urban expansion. There had not been any such thing as an untouched landscape in the Netherlands for a long time. The Society aimed to keep the spots it purchased - fields, marshes and woods - as pure as possible in terms of flora. Not only would exotic plants not fit in aesthetically, their use would also not be in the interest of the natural sciences. Wild flora could of course be reinforced with matching native varieties. This was in any case everyday practice on the many landed estates that formed a part of the Netherlands' nature reserves.

Historically speaking the link between natural history and contemporary landscape gardening is a remarkable phenomenon. The activist approach of Dutch conservationists, who were mainly concerned with the preservation of areas that were interesting from the point of view of nature studies, coupled with their interest in the design aspect of landscape gardening was not far short of revolutionary. Wild plants always had their place, if a modest one, in landscape gardening where exotic varieties really occupied centre stage. At the end of the nineteenth century the Dane J. Jensen, who migrated to the United States in 1884, created a sort of boom in 'wild' parks with his prairie plantings in Chicago. Another influential figure was W. Robinson, who was responsible for a similar development in small gardens in residential neighbourhoods in England.

In 1927 *Natura*, the monthly periodical of the *Nederlandse Natuurhistorische Vereniging*, had a special issue on 'Wild plants in modern gardening'. Behind this special issue was the concern that wild plants were being driven more and more from their natural habitats. The cultivation and adaptation of wild plants in parks and gardens had thus become the task of conservationists. The term 'wild plant' was normally used to refer to indigenous plants. The leading article 'De wilde plant in de moderne tuinkunst', also the title of the entire special issue, was written by A. van Laren (1874-1953), superintendent of Amsterdam's Hortus Botanicus. His role as intermediary between nature studies and landscape gardening was of great significance. Van Laren's appointment as superintendent of Amsterdam's Hortus Botanicus followed soon after De Vries became its director. Van Laren, son of an international commercial grower, grew into a versatile and enthusiastic administrator and author of a large number of books and articles. Van Laren was the gardening editor of a Dutch daily paper, the *Algemeen Handelsblad*, and in 1906 he was co-founder of the gardening weekly *Onze Tuinen*, with a readership of both amateur gardeners and professionals. In this journal he introduced a growing public to the world of 'natural' gardening, at a time when the ownership

inventarisaties met plantenkaartjes werd Nederland opgedeeld in elf plantengeografische districten, op basis van het voorkomen of juist ontbreken van bepaalde plantensoorten. Inmiddels worden er vijftien floradistricten onderscheiden.

Botanici, natuurhistorici en vertegenwoordigers van natuurverenigingen raakten in toenemende mate betrokken bij de besluitvorming over de inrichting van de stad en het landschap.[16] De natuurbeweging toonde steeds meer belangstelling voor de natuurhistorische achtergrond van het stadspark. Dit blijkt onder meer uit het verschijnen van het boekje *In het Vondelpark* (1901) dat E. Heimans en Jac.P. Thijsse over het natuurleven in dit beroemde Amsterdamse stadspark schreven. Heimans en Thijsse leverden als onderwijzers en schrijvers van talloze artikelen en boeken, een belangrijke bijdrage aan de popularisering van de natuurstudie. De meeste initiatieven op het gebied van de natuur waren in Nederland afkomstig uit het rijke Amsterdamse verenigingsleven. Zo was het de Nederlandse Natuurhistorische Vereniging die de basis legde voor de in 1905 opgerichte Vereniging tot Behoud van Natuurmonumenten; 'alle merkwaardige delen van de Nederlandse bodem, alle in Nederland levende merkwaardige dieren, planten en levensgenootschappen, alsmede de belangrijke overblijfselen van voor historische menselijke werkzaamheid, welke door uitbreiding der cultuur of andere oorzaken dreigde verloren te gaan'[17] zouden, als er voldoende geld was voor aankoop van het terrein, voortaan beschermd worden. Uiteindelijk was door de bevolkingsgroei en de uitbreiding van steden veel van wat men natuurschoon noemde uit het Nederlandse cultuurlandschap aan het verdwijnen. Geheel ongeschonden landschappen kende Nederland eigenlijk al lang niet meer. De vereniging wilde de aangekochte landschappen, de velden, de moerassen en de bossen wat betreft de flora zo zuiver mogelijk houden. Niet alleen zouden exotische gewassen uit esthetisch oogpunt uit de toon vallen, ook het belang van de natuurwetenschap zou in het gedrang kunnen komen. Wel mocht de wilde flora met passende inheemse soorten worden versterkt. Dit was overigens al de dagelijkse praktijk op veel landgoederen, die voor een deel de Nederlandse natuurgebieden vormden.

Historisch gezien was de koppeling van natuurhistorie aan de eigentijdse tuinarchitectuur een opvallend verschijnsel. De actieve houding van de Nederlandse natuurbeweging, die zich toch voornamelijk had gericht op het behoud van natuurwetenschappelijk interessante gebieden, en de belangstelling die zij had voor het vormgevende aspect van de tuinarchitectuur was toch enigszins revolutionair te noemen. Wilde planten hebben in de overwegend door exotische planten gedomineerde tuinarchitectuur altijd wel een bescheiden plaats ingenomen. Vooral aan het eind van de negentiende eeuw zorgde de in 1884 naar de Verenigde Staten geëmigreerde Deen J. Jensen voor een soort hausse in 'wilde' parken, met zijn prairie-beplantingen in Chicago. Ook invloedrijk was W. Robinson die zorgde voor een verdere ontwikkeling van de kleinere bloementuin in Engelse villawijken.

In 1927 wijdde *Natura*, het maandblad van de Nederlandse Natuurhistorische Vereniging, een speciale editie aan 'De wilde plant in de moderne tuinkunst'. De aanleiding voor dit themanummer was de veronderstelling dat wilde planten steeds meer van hun natuurlijke groeiplaatsen werden verdreven. De kweek en toepassing van wilde planten in parken en tuinen was daarmee ook een taak van de natuurbeschermer geworden. Met een wilde plant werd hier vooral een plant van eigen bodem bedoeld. Het titelverhaal 'De wilde plant in de moderne tuinkunst' was geschreven door de Amsterdamse hortulanus A. van Laren (1874-1953). Zijn rol als intermediair tussen de wetenschap en de tuinarchitectuur is van evident belang geweest. De benoeming van Van Laren aan de Amsterdamse Hortus Botanicus volgde kort op die van De Vries. Van Laren, de zoon van een internationale handelskweker, ontplooide zich als een veelzijdig en gepassioneerd bestuurder en schrijver van een groot aantal artikelen en boeken. Van Laren was tuinbouwkundig redacteur van het *Algemeen Handelsblad* en in 1906 mede-oprichter van het weekblad *Onze Tuinen*, dat zich zowel op vaklieden als op amateurtuinders richtte. In dit tijdschrift liet hij een groeiend publiek kennis maken met de wereld van het 'natuurlijk' tuinieren. Het bezit van een kleine tuin was immers voor steeds meer mensen bereikbaar geworden. De koers van het overigens breed opgezette *Onze Tuinen* verraadde een uitgesproken belangstelling voor de toepassing van kruidachtige en inheemse planten in tuinen. In zijn belangrijkste werk *Decoratieve tuinbeplanting*, dat in 1918 verscheen, ging Van Laren uitgebreid in op zijn stokpaardje: de plantengeografische aanleg in tuinen en parken.

Dat een goed onderhouden park een kostbaar bezit was geworden voor de stadsbevolking, daar werd in die tijd al niet meer aan getwijfeld, maar in hoeverre bijvoorbeeld de vierhonderd boom- en heestersoorten en variëteiten van het Vondelpark een andere functie hadden dan de wandelaar te laten genieten van een onbekende plantenwereld, was wel iets waar Van Laren over nadacht. In zijn visie stond de beplanting van de meeste negentiende-eeuwse stadsparken veel te ver van de natuur af. Vooral de onderbeplanting schoot tekort. Als de onderlinge samenhang van planten zoals die in de natuur voorkomt bij de aanleg van openbare parken werd toegepast, zouden deze in educatief opzicht meer betekenis krijgen en de natuur dichter bij de bevolking brengen.[18] De bezoeker leerde zo de schoonheid van de natuur als geheel, en van iedere afzonderlijke plant beter kennen. De oplossing lag in een indeling van de parken op plantengeografische wijze. Zelfs van Japanse, Chinese en Amerikaanse soorten was in Nederland voldoende plantmateriaal beschikbaar om aan die wens tegemoet te komen. Er waren ook uitstekende mogelijkheden om de stadsbewoner in een park kennis te laten maken met uitsluitend inheemse bomen, struiken en kruidachtige gewassen. Als voorbeelden noemde Van Laren een vijver met een beplanting zoals die bij het Gein of de Oisterwijkse vennen te vinden is; een heideveld als in het Gooi of een park met een moerasflora zoals in de omgeving van Aalsmeer voorkomt. Hij adviseerde om te beginnen met de flora uit de eigen omgeving of van één bepaalde streek. Afhankelijk van de omvang van een park zouden aan de inheemse flora's eventueel die van andere landen toegevoegd kunnen worden. Het lag beslist niet in zijn bedoeling om in alle openbare parken de plantengeografie te introduceren. De eerste pogingen van Van Laren om het drassige, door bodeminklinking geteisterde Vondelpark een meer natuurlijk aanzien te geven stammen uit het begin van de twintigste eeuw. Later, in de jaren dertig, wist hij als lid van de invloedrijke Boscommissie op het Amsterdamse Bos een plantengeografische stempel te drukken. Met de aanleg van het Thijssepark vanaf 1939 werkte Broerse dit idee van een plantengeografische aanleg verder uit. Hij was overigens niet de enige.

De voorspelling van Hartogh Heys van Zouteveen, dat zijn vakgenoten in de toekomst veel profijt zouden kunnen trekken uit de ontwikkelingen op het gebied van de plantengeografie en vooral de plantensociologie, het onderzoek naar de natuurlijke ontwikkeling van een plantengemeenschap, kwam uit. Hij beschouwde de studie van de samenleving en de ontwikkeling van planten in de vrije natuur en de relatie tussen planten, bodem en standplaats als een belangrijke grondslag voor de eigentijdse tuinarchitectuur. De grootschalige invoer van exotische plantensoorten en de mogelijkheden om de bodem kunstmatig te verrijken hadden naar zijn mening geleid tot het verdwijnen van een natuurlijk evenwicht in het landschap. Door de toepassing van de plantensociologie had de tuinarchitect de mogelijkheid een bepaald natuurlijk stadium te imiteren en door onderhoud een blijvend natuurlijk beeld te creëren.[19] In de publicaties van Hartogh Heys, die van zijn opvolger in Wageningen J. Bijhouwer (1898-1974) en die van Van Laren komt telkens de naam van W. Lange (1864-1941) voor. Met name tussen het werk van Van Laren en dat van Lange bestaan treffende overeenkomsten. Lange, die in Nederland bekendheid verwierf met de boeken *Gartengestaltung der Neuzeit* (1907) en *Gartenbilder* (1922), was als leraar verbonden aan de Königlichen Gärtnerlehranstalt Dahlem-Berlin.[20] Zijn ontwerpen baseerde hij op wat door hem een 'natuurmotief' werd genoemd. Het natuurmotief haalde Lange uit de plantengeografie en fysiologisch onderzoek, waarin de uiterlijke kenmerken van planten werden gerelateerd aan de plaats waar ze van nature groeien.

In 1943 reageerde natuurhistorisch onderzoeker Th. Weevers in het *Vakblad voor Biologen* op een artikel van landschapsarchitect J. Bijhouwer dat twee maanden eerder in

of a small garden was within the budget of more and more people. The direction taken by this ambitious periodical betrayed a clear preference for indigenous herbaceous plants in gardens. In his most important work, *Decoratieve tuinbeplanting*, published in 1918, Van Laren wrote in detail about his hobby-horse, plant-geographical layouts in gardens and parks.

No one doubted any longer that a well-maintained park was a precious heritage for city dwellers; however, what function the four hundred species and varieties of trees and shrubs in the Vondelpark had over and above just delighting visitors with the unfamiliar world of plants was something that Van Laren gave a lot of thought to. In his vision the planting of most of the nineteenth-century city parks was too far removed from nature. Above all, the underplanting was inadequate. If the mutual relationship of plants as they occur in the natural world were to be adopted in park layouts, these would have much more educational value and bring nature closer to city dwellers.[18] In this way visitors would become familiar with the beauty of nature as a whole, and so get to know each separate plant more thoroughly. The solution lay in organizing the parks in terms of phytogeography. There were even enough Japanese, Chinese and American species in the Netherlands to meet this requirement. There were also excellent possibilities for city dwellers to become familiar with exclusively native trees, shrubs and herbaceous plants in a city park. Van Laren quoted as an example a pond with a planting such as one finds in Gein or the Oisterwijk fens, a heath as in Het Gooi or a park with bog flora such as one gets in the surroundings of Aalsmeer. To begin with he recommended flora from one's own environment or from one particular locality. Depending on the size of a park, it should be possible to add plants from other countries to the native flora. It was definitely not his intention however to introduce plant geography in every park. Van Laren's initial efforts to make the marshy Vondelpark, plagued by soil subsidence as it is, look more natural date back to the beginning of the twentieth century. Later, in the 1930s, as a member of the influential Bos Committee he was able to stamp the seal of phytogeography on the Amsterdamse Bos. In laying out the Thijssepark from 1939 onwards Broerse further developed the idea of plant geography. Nor was he the only one to do so.

The prediction of Hartogh Heys van Zouteveen that in future his colleagues would profit a great deal from developments in the field of phytogeography and even more phytosociology - that is the study of the natural development of a plant community - was fulfilled. He viewed the study of the society and development of plants in their natural state and the relation between plants, soil and location as an important foundation for contemporary landscape gardening. The large-scale import of exotic varieties of plants and the possibilities of artificially fertilizing the soil had in his view led to the loss of a natural balance in the landscape. By applying plant sociology, the landscape gardener was in a position to imitate a specific natural stage and, provided proper maintenance occurred, to create an ongoing image of nature.[19] In Hartogh Heys' publications and those of his successor in Wageningen, J. Bijhouwer (1898-1974) and of Van Laren the name W. Lange (1864-1941) recurs repeatedly. Between the work of Van Laren and that of Lange there are striking similarities. Lange, who became renowned in the Netherlands with his *Gartengestaltung der Neuzeit* (1907) and *Gartenbilder* (1922), was a lecturer at the Königlichen Gärtnerlehranstalt Dahlem-Berlin. His designs were based on what he referred to as 'natural motifs' He derived this concept from both phytogeography and physiological research whereby the outward features of plants are related to the spot where they naturally grow.

In 1943 the natural history researcher Th. Weevers replied in the *Vakblad voor Biologen* to an article that the landscape architect J. Bijhouwer published two months previously in the same journal.[21] Weevers and Bijhouwer differed in various ways. Bijhouwer suggested that biologists could and should make a valuable contribution to a 'national plan for natural space'. Instead of the natural sciences drawing up a list of study objects that merited conservation, a survey should be made of those types of terrain that were needed for a future complete 'natural system', indicating what quantity of woodlands, heath, clay, peatland, fenland, river clay, limestone-rich soil, etc. there was in each plant-geographical district. For instance, if there was no natural life present in ferrous river clay, then 'cultivated' land on an appropriate site should be restored to nature. In theory the natural vegetation of a spot could be restored to its previous level within thirty years. In 1926 Bijhouwer received his PhD on the subject of the 'Geo-botanical study of the Bergen Dunes' and he had already written an article in the *Tijdschrift voor Volkshuisvesting en Stedebouw*[22] about the possibilities of 'creating' nature. He gave a lucid account of the new directions that landscape gardeners and conservationists could pursue. By laying out natural terrains, and where necessary using cultivated areas, one's freedom in choice of different landscapes was increased enormously. Weevers, the chairman of the *Nederlandsche Botanische Vereeniging* (Dutch Botanical Society) and its *Commissie voor de Bescherming van de Wilde Flora* (Committee for the Protection of Wild Flora), thought that while this proposal sounded very attractive, it was somewhat too simplistic in its analysis and was presented too much from the viewpoint of a landscape gardener. Bijhouwer, he argued, forgot that our knowledge of some forms of vegetation was definitely not yet adequate and that a vegetation is the result of a process of sometimes centuries. Even supposing that a soil could be managed this way, it still remained difficult to imitate the right climate or historical influences. In future, according to Weevers, the best measures to take involved rather an old-fashioned care in preserving terrain that had a natural-historical importance in combination with good conservation laws.

Christiaan Broerse, inventor of the heem park

In 1946 Broerse officially coined the term 'heem park'.[23] He did this in response to an article by A.J. ter Pelkwijk, published in *De Boomkweekerij*. In it she wrote that she was thinking of laying out educational gardens, in imitation of Jac.P. Thijsse. In the *Tijdschrift voor Volkshuisvesting en Stedebouw* Thijsse had argued a few years previously for establishing more of these little parks, which could be reached by every city dweller within fifteen minutes; Thijsse's pioneer garden, Thijsse's Hof in Bloemendaal, could serve as a model.[24] The educational gardens should be properly fenced off and open only at certain times, but then to everyone.[25] The collection of wild duneland plants was brought together in 1925 to initiate visitors under the guidance of a specialist in the natural history of the dunelands. The plants in Thijsse's Hof were all given name plates. It was then not a normal public park and the design and layout was of subordinate importance. The Scientific Garden or Landscape Garden by Ter Pelkwijk in the Zuiderpark in The Hague, laid out between 1933 and 1936 and based on the notion of a sociology of plants, or phytosociology, had a similar function. Broerse felt that the terms 'educational garden' and 'scientific garden' were rather unfortunate, proposing instead the terms 'heem park' and 'herbaceous garden' respectively. As for a pure imitation of a natural community he suggested the name 'natural-sociological planting'. According to Ter Pelkwijk an educational garden was different from a heem park. Furthermore, she argued, the idea of landscape gardeners borrowing motifs from plant sociology was not as new as Broerse thought; it could be traced back to W. Lange and Hartogh Heys van Zouteveen. The fact that parks like this had not yet been laid out had to do with the fact that our knowledge of phytosociology was still very limited.[26]

In working on the layout of De Braakpark, Broerse came to realize that while it might be possible to imitate a plant community that was true to nature, the changes took place in quite a different way than they did in nature. The unpredictable behaviour one finds in a plant community, due to a combination of biological aspects and geographical and historical factors, led him to the conclusion that the requirements for creating a successful plant community were more than man was capable of. He realized that it was

hetzelfde tijdschrift was verschenen.[21] De denkbeelden van Weevers en Bijhouwer weken in verschillende opzichten van elkaar af. Bijhouwer suggereerde dat biologen een belangrijke bijdrage zouden kunnen en moeten leveren aan een 'nationaal natuurruimteplan'. In plaats van dat de natuurwetenschap een lijst samenstelde van te behouden studieobjecten, diende een overzicht te worden gemaakt van de terreintypen die nodig zijn voor een volledig 'natuur'-systeem in de toekomst, waarop voor alle plantengeografische districten de hoeveelheid bos, heide, klei, hoog- en laagveen, rivierklei, kalkgrond etc. was aangegeven. Als er bijvoorbeeld geen natuur op ijzerhoudende rivierklei voorhanden was, dan moest op een geschikte plaats cultuurgrond terug worden gegeven aan de natuur. In principe zou binnen dertig jaar de natuurlijke vegetatie zich dan kunnen herstellen. Bijhouwer was in 1926 gepromoveerd op de 'Geobotanische studie van de Berger Duinen' en schreef eerder al in het *Tijdschrift voor Volkshuisvesting en Stedebouw*[22] over de mogelijkheden van natuurcreatie. Hij zette helder uiteen welke nieuwe wegen de tuin- en landschapsarchitect en de natuurbeschermer in zouden kunnen slaan. Door natuurterreinen aan te leggen, en daarvoor eventueel reeds gecultiveerde gebieden te gebruiken, was de vrijheid in de keuze van allerlei landschappen enorm toegenomen. Weevers, voorzitter van de Nederlandsche Botanische Vereeniging en de daaruit voortgekomen Commissie voor de Bescherming van de Wilde Flora, vond dat deze op zich zeer aanlokkelijk klinkende voorstelling van zaken wel iets te simplistisch was en teveel bezien vanuit het oogpunt van een landschapsarchitect. Bijhouwer vergat dat de kennis van sommige vegetaties beslist nog niet zo goed was en dat een vegetatie het resultaat is van een soms eeuwenlange wordingsgeschiedenis. Gesteld dat men een bodem kon beheersen, dan bleef het moeilijk het geschikte klimaat of de invloed van historische factoren na te bootsen. De juiste stappen voor de toekomst waren voor Weevers dus de ouderwetse zorgvuldigheid in het behoud van natuurwetenschappelijk belangrijke terreinen en de zorg voor een goede natuurbeschermingswet.

Christaan Broerse als de bedenker van het heempark

In 1946 introduceerde Broerse officieel de term 'heempark'.[23] Hij deed dat in een reactie op een artikel van A.J. ter Pelkwijk, dat eerder in *De Boomkweekerij* verscheen. Hierin schreef zij dat ze overwoog om, in navolging van Jac.P. Thijsse, instructieve plantsoenen aan te leggen. In het *Tijdschrift voor Volkshuisvesting en Stedebouw* had Thijsse een paar jaar eerder gepleit voor de inrichting van meerdere van dergelijke, voor iedere stadsbewoner binnen een kwartier te bereiken parkjes, waarbij zijn Thijsse's Hof in Bloemendaal als voorbeeld kon dienen.[24] De instructieve plantsoenen moesten goed omheind zijn en slechts op bepaalde tijden geopend, maar dan ook voor iedereen.[25] De verzameling wilde duinplanten in Thijsse's Hof was in 1925 bijeen gebracht om bezoekers onder begeleiding van een deskundige in te wijden in de natuurhistorie van de duinstreek. De planten waren voorzien van naambordjes. Het was dus niet echt een openbaar wandelpark en de vormgeving was in eerste instantie minder belangrijk. Een soortgelijke functie had de op de plantensociologie gebaseerde Wetenschappelijke Tuin of Landschappentuin van Ter Pelkwijk in het Haagse Zuiderpark, die tussen 1933 en 1936 werd aangelegd. Broerse vond de termen 'instructief plantsoen' en 'wetenschappelijke tuin' ongelukkig gekozen en stelde voor een instructief plantsoen 'heempark' en een wetenschappelijke tuin met kruiden 'kruidentuin' te noemen. Voor een zuivere nabootsing van een plantengemeenschap stelde hij de benaming 'plantensociologische beplanting' voor. Volgens Ter Pelkwijk was een instructief plantsoen toch wat anders dan een heempark. Bovendien, zo stelde Ter Pelkwijk in haar reactie, was het ontlenen van motieven aan de plantensociologie door de tuinarchitect niet zo nieuw als Broerse meende en was het idee terug te voeren op W. Lange en Hartogh Heys van Zouteveen. Dat dergelijke parken nog niet werden aangelegd had te maken met de beperkte kennis van de plantensociologie.[26]

Broerse had tijdens de aanleg van park de Braak ondervonden dat een plantengemeenschap wel natuurgetrouw was na te bootsen, maar dat de veranderingen zich heel anders voltrokken dan in de natuur. Het onvoorspelbare gedrag van een plantengemeenschap door een combinatie van biologische eigenschappen en geografische en historische factoren leidde tot de conclusie dat het met succes creëren van een plantengemeenschap hogere eisen stelde dan de mens zou aankunnen. Broerse vond dat er anders geplant moest worden dan wat tot dan toe instructief of wetenschappelijk werd genoemd. Beide vormen van beplanting maakten niet voldoende gebruik van de mogelijkheden die de inheemse flora bood. Ondanks de bezwaren en de verre van volmaakte pogingen in de richting van een sociologische beplanting waren de resultaten van de Braak toch hoopgevend. Broerse gaf de voorkeur aan een zekere mate van samenwerking met de natuur. Vooral de soms uitermate lastige dynamiek die aan de plantensociologische methode kleefde, gaf Broerse veel voldoening. Het stelde totaal andere eisen aan de ontwerper en aan het onderhoud want planten maken een eigen ontwikkeling door die niet te voorspellen is.

De toepassing van de plantensociologie in parken en ander openbaar groen was in die tijd nog een vrij nieuw gegeven. Wanneer de eisen niet al te hoog waren gesteld, bijvoorbeeld door alleen de bomen op sociologische basis aan te planten, was de kans van slagen vrij groot. De moeilijkheidsgraad nam toe naarmate men zich strikter ging houden aan de wetenschappelijke 'wetten' van de plantensociologie. Een nabootsing van een soortenrijke plantengemeenschap met bomen, struiken, kruiden en mossen leek Broerse geen goed idee. Hij had een vrijere opvatting over de samenstelling van de beplanting. In praktijk betekende dit dat grotere groepen van dezelfde soort werden aangeplant. Dit vergde minder onderhoud en oefende volgens Broerse tevens een grotere aantrekkingskracht uit op het publiek. Hij vond het niet erg dat in zijn elzenbroek behalve zwarte els en kamperfoelie ook varens en sleutelbloemen voorkwamen, ook al was het dan geen wetenschappelijk verantwoorde elzenbroek meer. Een oever met haarmos en veenbes, maar vrijgehouden van berk, riet, braam, lisdodde en gras, omdat het als voorgrond diende voor rode bosbes en lavendelheide, klopte plantensociologisch gezien niet maar leverde wel een zeer mooi resultaat op. Kortom, de ontwerper nam de plantensociologie als uitgangspunt en ontleende daaraan zijn motieven en plantenkeuze, maar uiteindelijk was alles ondergeschikt aan het streven naar een zo fraai mogelijk eindresultaat. Daartoe was wetenschappelijke kennis alleen niet voldoende maar was ook het uitwisselen van ervaringen zeer essentieel. Flora's gaven wel een goede beschrijving van inheemse planten maar gaven weinig informatie over het gebruik van planten in combinaties. Over die thematiek verschenen eind jaren dertig de eerste grondige studies.

De geschiedenis leerde dat de aanleg en het beheer van een park op een nat en drassig veengrond geen eenvoudige zaak was. Direct na de oorlog schreef Broerse hier als redacteur van het nieuwe vaktijdschrift *De Boomkwekerij* elke veertien dagen een kort stukje over.[27] In het Amsterdamse Vondelpark, dat in de jaren dertig nog onder particulier beheer stond en waar het lopen op het gazon in die tijd nog ten strengste verboden was, bestudeerde Broerse met toestemming van het parkbestuur uitgebreid de slechte toestand van de beplanting. Door de hoge grondwaterstand hadden de bomen daar geen kans om stevig te wortelen waardoor het park nooit was volgroeid. Bovendien bleken de bomen vaak niet bestand tegen zware storm. In zijn artikelen leverde Broerse een ongezouten commentaar op de slechte waterhuishouding en het gebruik van exotische bomen in dit beroemde negentiende-eeuwse park. De relatie tussen bodem en beplanting werd maar al te vaak over het hoofd gezien.

Broerse nam de natuurlijke plantengroei in het natuurmonument Oosteinderpoel, een veengebied bij Aalsmeer, als voorbeeld. De wildernis van dit gebied duidde hij steevast aan als 'cultuurreservaat'. De Oosteinderpoel kwam in 1938 onder beheer van Het Noordhollands Landschap. Het terrein was nooit drooggelegd en bestond voornamelijk uit moerasbos met els en berk. Naast veenmos groeiden er ook planten als veenbes en dopheide. De fraaie ontwikkeling van de vegetatie op deze zeer voedselarme veengrond maakte van dit gebied een reservaat van groot wetenschappelijk belang. Voor Broerse waren de

necessary to grow one's plants in a different way from that which had to date been called educational or scientific. Neither form of planting made sufficient use of the possibilities offered by an indigenous flora. Despite the objections and the fact that the attempts at a sociological planting were hardly a success, the results in De Braak still gave grounds for optimism. Broerse opted for a certain degree of cooperation with nature. In particular the sometimes extremely bothersome dynamic implied in the phytosociological method gave Broerse a great deal of satisfaction. It imposed totally different demands on the designer and on maintenance because plants go through a development of their own that cannot be predicted.

The application of phytosociology in parks and other public green areas was a fairly new phenomenon at that time. If one's requirements were not so high - for instance, if one only planted the trees on this basis - the chance of success was quite considerable. The level of difficulty increased to the degree of one's compliance with the scientific 'laws' of phytosociology. An exact imitation of a species-rich plant community with trees, shrubs, herbaceous plants and mosses did not seem a good idea to him. He had a freer notion of the combination of the planting. In practice this meant that larger groups of the same species were planted together. This called for less maintenance and, according to Broerse, it was also much more attractive to the public. He did not see it as a problem that in his alder carr, there were ferns and cowslips as well as common alder and honeysuckle, even if that meant it was no longer an alder carr in a scientific sense. A bank with hair moss and cranberries, but kept free of birch, reeds, brambles, bulrushes and grass so that it could serve as a foreground for billberries and bog rosemary, did not make sense from a phytosociological viewpoint, but the results were extremely beautiful. In short the designer could use phytosociology as his departure point, drawing on it for his motifs and choice of plants, but in the end what mattered was to achieve as beautiful a result as possible. Scientific knowledge by itself was not sufficient; and a proper sharing of experiences was absolutely essential. Flower catalogues might give you a good description of native plants but they told you next to nothing about combining them. The first detailed studies on this subject appeared at the end of the 1930s.

History showed that the layout and management of a park on damp and marshy peatlands was no simple task. Immediately after the war, Broerse wrote a short piece on this subject every fortnight in his capacity as editor of a new journal on tree cultivation, *De Boomkwekerij*.[27] In the Vondelpark, which was privately run in the 1930s and where walking on the grass was strictly forbidden, Broerse got the board's permission to make a study of the poor state of the planting. The high level of the groundwater meant that the trees had no chance of putting down sturdy roots, so that the park never became fully grown. Furthermore, the trees were often blown down in severe storms. In his articles Broerse made no bones about the wretched water management and the mistaken use of exotic trees in this famous nineteenth-century Amsterdam park. The relation between soil and planting was all too often overlooked.

As an example he took the natural growth of the plant life in the nature reserve of Oosteinderpoel, a fenland area near Aalsmeer. He unequivocally labelled this wilderness a 'cultivated reserve'. The Oosteinderpoel had been managed by a conservation society, the *Noordhollands Landschap* since 1938. The terrain had never been drained and mainly consisted of marshy woods with alder and birch. Besides peat moss, there were also plants such as cranberries and bell-heather. The beautiful evolution of the vegetation in this nutrient-deficient fenland soil makes the region one of great scientific interest. For Broerse, the different stages of peat formation were particularly fascinating. This process was of considerable influence then on his own planting method. To supplement his knowledge he studied a number of theories about peat formation, among them a book by E. Meyer Drees on the woodlands in the Achterhoek region in the east of the Netherlands, *De bosvegetatie van de Achterhoek en enkele aangrenzende gebieden*

RECREATIEPARK VAN LEER KANTOORGEBOUW

MAATVOERING, HOOGTELIJNEN en BEPLANTING   Sch. 1:200   Dec. 1957

Van Leerpark

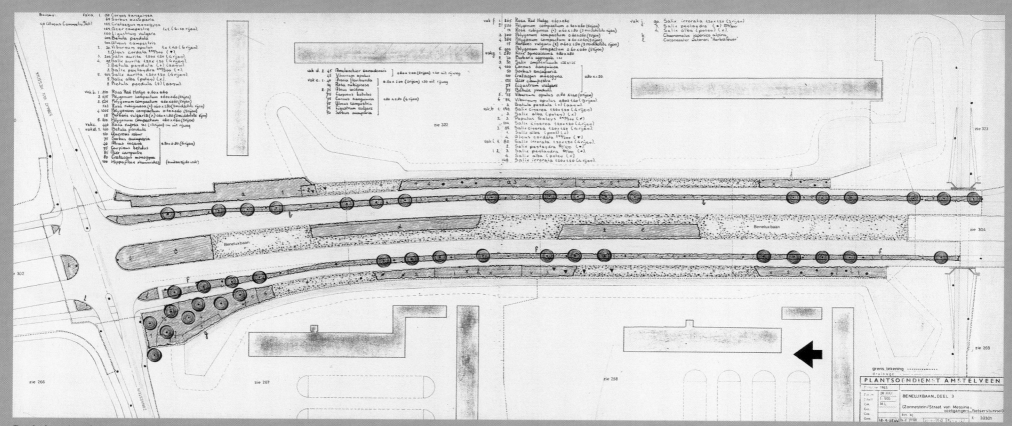

Beneluxbaan Amstelveen

(1936). He was particularly interested in Meyer Drees' tables of types of plant communities. Meyer Drees subdivided plants into what he called 'character species', 'attendant species' and the 'chance species' that one comes across in many plant communities. This sort of research began to play a role in the practice of landscape gardening, providing valuable information about which plants flower when. The tables provided a survey of plants that make the same demands on the soil and which also 'tolerate' each other in other respects. Science also showed that plant communities supplant each other, after which a climax comes and a balance is finally achieved. The use of woody vegetation is particularly desirable for giving a park design a degree of stability.

By making use of a natural planting in a park on a boggy soil, one reduces the risk of the plant growth being poor in quality. But this was not Broerse's only concern. In his articles he endeavoured to convince the reader of the aesthetic pleasures implicit in the use of native plants. Native plant material gave one effects that could not be achieved in any other way. The question was whether the prejudices against the use of indigenous material had any foundation, or whether they were just based on ignorance and conservatism. The much-used 'monotony' argument, for instance, was not valid for a combination of trees and an underplanting of native herbaceous plants. He quoted countless examples in the Aalsmeer 'cultivated reserve' of similarly attractive combinations of plants: 'downy birch, cranberries and bell heather' or 'birches such as one only finds in untamed nature, in a field of hair moss' or 'the colour and composition of large areas of cotton grass against a background of birches'. It was the combination that was important and not the number of varieties used. In any case the plant growth in the Amstelveen region allowed for a large number of combinations that could be used in a park. Sometimes plant growth could be too exuberant and a selection of a number of valuable species was advisable - such as the common spotted orchid, lesser butterfly orchid, marsh valerian, ladies smock, marsh fern, yellow rattle and tufted loosestrife.

A heem park on peat soil can best be built from the water upward. Another method that only took the composition into account would leave one stuck with all the disadvantages of planting on fenland soil. Phytosociology pointed the way in making a planting plan, but it remained subordinate to the goal of making a park layout with an indigenous character, whose typical features were its familiar character and the fact that it was in no way showy. This was the exact opposite of the exotic, cultivated nineteenth-century parks, with their sharp colour contrasts. A heem park could be laid out anywhere, on any kind of soil, using different plants in each situation. Because stinging nettles and ground elder were undesirable and might upset the balance of a park layout, the growing process had to be watched with a keen eye. The way that some plants overrun whole areas while others vanish is probably the most complicated problem in a heem park.[28] An artificial plant community will soon disappear if it is not carefully maintained. It is a question of looking for the correct balance between letting nature go its own way and intervening. In a traditional park one should not change the variety of plants too much. A lucid composition is needed for good maintenance. Lawn-mowers, rakes and hoes cannot however be used in heem parks and under certain conditions the plants a traditional gardener would regard as enemy number one are welcome in a heem park. The staff were given a training with a practical orientation in the more specialized aspects of maintenance. Some prior knowledge of nature and wild plants was of course indispensable.

Broerse, landscape gardening and 'modern' city planning

The Amstelveen heem parks and the Jac.P. Thijssepark in particular have in the meantime acquired a certain reputation in the professional field. Interest in these parks has in the course of time been subject to a variety of social influences. In the postwar process of urbanization, Broerse, with his forthright statements about historically evolved

verschillende fasen van een verlandingsproces het meest interessant. Dit proces van veenvorming was dan ook van grote invloed op zijn beplantingsmethode. Om zijn kennis aan te vullen bestudeerde hij een aantal theorieën over veenvorming, waaronder het boek *De bosvegetatie van de Achterhoek en enkele aangrenzende gebieden* (1936) van de wetenschapper E. Meyer Drees. Het ging hem daarin met name om de tabellen van bepaalde plantengemeenschappen die in het boek waren opgenomen. Meyer Drees maakte een onderverdeling in 'karaktersoorten', 'begeleidende soorten' en 'toevallige soorten' die in meerdere gemeenschappen voorkomen. Dit soort onderzoeken ging een rol spelen in de praktijk van de tuinarchitectuur en bood waardevolle informatie over welke planten wanneer bloeien. De tabellen gaven een overzicht van planten die aan de bodem dezelfde eisen stelden en ook in andere opzichten elkaar zouden verdragen. De wetenschap leerde verder dat plantengemeenschappen elkaar opvolgen waarna uiteindelijk, in een climaxstadium, een evenwicht wordt bereikt. Vooral het gebruik van houtige gewassen was voor een zekere stabiliteit in de parkaanleg gewenst.

Door in een park op veenbodem natuurlijke beplanting toe te passen verminderde het risico dat de planten zich slecht zouden ontwikkelen. Maar daar was het Broerse niet alleen om te doen. In zijn artikelen probeerde hij de lezer te overtuigen van de esthetische genoegens die het gebruik van inheemse planten met zich meebracht. Met inheems plantmateriaal waren effecten te behalen die men anders tevergeefs zou nastreven. De vraag was of de vooroordelen tegen het gebruik van inheems materiaal gegrond waren, of berustten op onkunde of conservatisme. Zo ging bijvoorbeeld het veel aangevoerde argument van eentonigheid niet op bij een combinatie van houtgewassen en een onderbeplanting van inheemse kruiden. Uit het Aalsmeerse 'cultuurreservaat' noemde hij talrijke voorbeelden van een dergelijke aantrekkelijke combinatie van planten: 'zachte berken, veenbessen en dopheide' of 'berken, zoals men die alleen in de vrije natuur aantreft, tussen een veld haarmos' of 'de kleur en de compositie van grote oppervlakten veenpluis tegen een achtergrond van berken'. De combinatie van planten was het belangrijkst en niet het aantal soorten dat werd gebruikt. De plantengroei in de omgeving van Amstelveen maakte het in ieder geval mogelijk talrijke combinaties te bedenken die in het park goed konden worden toegepast. Soms kon de groei van planten wel eens te uitbundig zijn en daarom was een selectie van een aantal waardevolle soorten aan te bevelen, zoals de gevlekte orchis, welriekende nachtorchis, kleine valeriaan, pinksterbloem, moerasvaren, grote ratelaar en moeraswederik.

Een heempark op laagveen kon het beste vanuit het water worden opgebouwd. Bij een andere werkwijze, waarbij alleen rekening werd gehouden met de compositie, zouden de nadelen van een beplanting op veengrond blijven bestaan. Bij het maken van een beplantingsplan gaf de plantensociologie de richting aan, maar bleef ondergeschikt aan het uiteindelijke doel: een parkaanleg met een inheems karakter, die werd gekenmerkt door het vertrouwde en weinig opvallende. Dit stond in contrast met de exotische, gecultiveerde, negentiende-eeuwse parken met hun contrastrijke kleurgebruik. Een heempark was overal, op elke bodemsoort, met telkens weer andere planten uitvoerbaar. Omdat brandnetel en zevenblad ongewenst waren en de parkaanleg zouden kunnen verstoren was een goede begeleiding van het groeiproces noodzakelijk. Het dynamische karakter, waarbij sommige agressieve plantsoorten hele gebieden veroveren en andere verdwijnen, is waarschijnlijk het meest ingewikkelde aspect van een heempark.[28] Een kunstmatig gevormde plantengemeenschap zal snel verdwijnen als deze niet zorgvuldig wordt onderhouden. Het is zoeken naar een juiste verhouding tussen de natuur haar gang laten gaan en ingrijpen. In een traditioneel park moet men juist niet teveel aan het plantensortiment veranderen. Een heldere compositie is nodig voor een goed onderhoud. Een maaimachine, hark en schoffel kunnen in heemparken echter niet worden gebruikt en de planten die bij de traditionele tuinman als vijand nummer één te boek staan zijn onder voorwaarden in een heempark welkom. Voor het speciale onderhoud kreeg het personeel een praktijkgerichte opleiding. Natuurlijk was enige kennis van de natuur en van wilde planten daarbij onontbeerlijk.

Broerse, landschapsarchitectuur en 'moderne' stedenbouw

De Amstelveense heemparken en het Jac.P. Thijssepark in het bijzonder, hebben inmiddels een zekere bekendheid verworven in de vakwereld. De belangstelling voor deze parken was in de loop der tijd onderhevig aan allerlei maatschappelijke invloeden. In het naoorlogse proces van verstedelijking was Broerse, met zijn openhartige uitspraken over historisch gegroeide landschappen en inheemse beplanting, wel eens een roepende in de woestijn. Het kenmerkende gebruik van gebogen lijnen in zijn werk was in de jaren vijftig nogal omstreden omdat in die tijd de (landschaps-)architectuur van de Nieuwe Zakelijkheid de boventoon voerde. Behalve met rechtlijnige stedenbouwers en tuin- en landschapsarchitecten had hij te maken met ontevreden plantensociologen aan wiens normen zijn werk ook niet volledig voldeed. Het feit dat de plantensocioloog en de landschapsarchitect elkaars manco konden aanvullen was nog niet tot iedereen doorgedrongen. Behalve bij het werk van ingenieurs bij de aanleg van polders, ruilverkaveling en andere grootschalige projecten die werden uitgevoerd in het kader van de werkverschaffing, zette Broerse ook vraagtekens bij de zogenaamde architectuur van het groen, waar het ging om het vullen van ruimte met massa, over de functie van de aanleg en over het bewustzijn van een andere dimensie in ruimte en tijd. Dit had allemaal weinig meer met tuinarchitectuur te maken. Bij grotere opdrachten hield Broerse dan ook vast aan zijn tuinarchitectonische normen. Een verschil in opvatting over een landschapsarchitectonische aanpak van een grootschalig project openbaarde zich tijdens zijn betrokkenheid bij de herinrichting van Walcheren kort na de Tweede Wereldoorlog, een project waar hij tot 1954 aan zou werken.

Op aanraden van tuinarchitect D. Haspels (1893-1954), bestuursvoorzitter van de Bond van Nederlandse Tuinarchitecten en voorheen werkzaam op het bureau van Tersteeg, kreeg Broerse voor de wintermaanden van 1946-'47 van de Stichting Nieuw Walcheren in Middelburg de leiding over de herbeplanting van het zwaar gehavende landschap op het schiereiland Walcheren, dat in 1944 door een bombardement onder water was gelopen. Het landschap van zijn geboortestreek, de dijken, kreken en hagen, was in alle opzichten gerelateerd aan de zee. De meer dan honderd buitenplaatsen en fraaie tuinen die Walcheren in de achttiende eeuw sierden, hadden hun sporen nagelaten. Het Amstelveense gemeentebestuur leende Broerse tegen betaling gemiddeld twee dagen per week uit aan de stichting. De stichting, waarin het Zeeuws Provinciaal Bestuur en de Walcherse gemeentebesturen waren vertegenwoordigd, was zich bewust van het feit dat dit gigantische herbeplantingsproject slechts kon slagen onder leiding van een deskundige landschapsarchitect. Dat Broerse zeer begaan was met het gehavende landschap kwam sterk naar voren in de reeks artikelen die hij in *De Boomkweekerij* schreef onder de titel 'De herbeplanting van Walcheren'.[29] Bij het verschijnen van de eerste artikelen moest hij overigens nog gevraagd worden voor de herinrichtingsplannen. De publicaties waren juist bedoeld voor iedereen die beroepsmatig met het herbeplantingsproject te maken had. Al in de jaren dertig was men begonnen met de vernieuwing van het landschap op Walcheren en juist op die vernieuwing en op de schaalvergroting die door ruilverkaveling in het landschap was ontstaan had Broerse veel kritiek. Het contrast met zijn lyrische beschrijving van de karakteristieke schoonheid van het oude landschap was groot. Wat betreft de beplanting had Broerse vooral kritiek op de inferieure kwaliteit, de aanplant van verkeerde soorten en het slechte onderhoud. Hij waarschuwde de mensen die zich met de wederopbouw van Walcheren bezig hielden dat er ditmaal met kennis van zaken geplant moest worden en wel op zo'n manier dat het landschap weer een eigen karakter zou krijgen. De artikelen vormden een belangrijke bijdrage aan de discussie die eind jaren dertig en begin jaren veertig werd gevoerd over de noodzaak van het aanstellen van een vakkundig landschapsarchitect bij dergelijke grootschalige projecten waarvan Staatsbosbeheer en de Nederlandse Heidemaatschappij er veel uitvoerden. Het ging er bovendien om zakelijke en technische aspecten aan te vullen met esthetische.

landscapes and indigenous planting, was something of a voice crying in the wilderness. The typical use of curved lines in his work was somewhat controversial in the 1950s, because Functionalism prevailed in landscaping as it did in architecture. Not only did he have to deal with inflexible city planners and landscape gardeners, he also clashed with disgruntled phytosociologists whose norms he could never entirely accept. It was not yet common knowledge that landscape gardeners and phytosociologists could compensate for each other's shortcomings. Besides the work of engineers in the layout of polders, land consolidation and other major projects begun in the context of job creation, Broerse also cast doubt on the notion of an 'architecture' of green areas, with its fashionable catch-phrases such as filling space with volumes, layouts with a function and the feeling for another dimension in space and time. All this had little to do with garden design. In larger assignments then he stuck firmly to his landscaper's norms. A conflict about the proper landscaping approach to a large-scale project emerged during his involvement in the redesign of Walcheren shortly after the Second World War, a project he would continue to work on until 1954.

On the advice of D. Haspels (1893-1954), the chairman of the *Bond van Nederlandse Tuinarchitecten* who, prior to this post, had worked for Tersteeg's firm, the *Stichting Nieuw Walcheren* - Foundation for a New Walcheren - appointed Broerse for the winter of 1946-47 to supervise the replanting of the seriously damaged landscape of the peninsula of Walcheren in the Dutch province of Zeeland, flooded during a bombardment in 1944. The landscape of his native region, the dikes, creeks and hedgerows, was in every respect a maritime region. Over a hundred landed estates and superb gardens - the pride of Walcheren in the eighteenth century - had left their mark. The Amstelveen local council seconded Broerse out for a fee for an average of two days a week to the Foundation. The Foundation, in which the provincial administration of Zeeland and the local authority of Walcheren were represented, was aware that this gigantic replanting project could only succeed if an expert landscape gardener was in charge. That Broerse was deeply committed to this ruined landscape was made abundantly clear by his series of articles with the title 'De herbeplanting van Walcheren' - the replanting of Walcheren.[29] When the first articles were published he had yet to be asked for his plans for the new layout. They were addressed to everyone involved in a professional capacity with the replanting project. Back in the 1930s a start had been made on the renewal of the landscape of Walcheren and Broerse had plenty of criticisms of the altered scale resulting from land consolidation, which formed a disturbing contrast with the typical beauty of the former landscape, described by him in lyrical terms. As for the planting, Broerse's criticisms had to do mainly with issues such as inferior quality, the planting of the wrong varieties and poor maintenance. He warned the people involved in the restoration of Walcheren that it was crucial that this time the replanting should be done with a proper knowledge of things, and in such a way that the landscape would recover its former character. His articles formed an important contribution to the debate in the late 1930s and early 1940s about the appointment of a professional landscape designer for major projects of this sort, many of which were implemented by the State Forestry Commission and the *Nederlandse Heidemaatschappij* (Dutch Heathland Reclamation Society). It was a matter moreover of supplementing business and technical aspects with aesthetic ones.

Broerse had a clear picture of how the landscape of Walcheren should look. A crucial aspect in the former landscape was its variety of scenery - the grass-covered dunes along the coast at Oostkapelle and Domburg, De Manteling, the old landed estates, the meadows and orchards, the overgrown waterways and roadsides, the ancient trees in villages and the planting on the ramparts round historical towns. This beauty was mainly practical in origin. The landscape got its character from hedgerows round the meadows, from wayside planting, the hunting grounds on the old estates and from timber production. Changes had already occurred before the war with the increased size and rational organization of the farms. Improved drainage methods led to a reduction in the number of waterways and new agricultural machinery made farm work easier. Technical advances in agriculture seemed to make no concessions to things such as the unique plant life on the banks of ditches. Broerse was not so much opposed to the functional character given to part of the new landscape but he did state in no uncertain terms that the engineers who designed the new polders could not afford to dispense with the work of garden and landscape designers. The intended reorganization plans for Walcheren had already reached an advanced stage and Broerse predicted that their implementation would leave large tracts of land without trees or shrubs. Planting would end up being no more than a few accents in the landscape, on farms and recreation grounds and along roadsides.

On the historical maps of Walcheren there was no such thing as uniformity. Broerse approached the future planting with a notion of the smaller scale of village cores, of graveyards and of private estates. He based his aesthetic ideas on the history of the place. Everything pivoted around the idea of reinforcing and perpetuating the rural character of the region. Broerse was a religious man and this can be seen in his descriptions of the planting. For that round a church for instance he took the outline of the building as his departure point. He also adapted the vegetation in the graveyards of Walcheren to their function - these are not places for idle strollers but sober atmospheric spots full of promises and expectations of a future life. In the landscape of Walcheren a dike without a planting of hawthorns and wild roses was unthinkable. He made a precise choice from the cornucopia of wild plants - for instance, primrose cuttings, violets, wild tulips and cowslips.

Due to the enormous amount of construction work implied in extension plans, there was a correspondingly increased concern with recreation and urban planting. Even so, in 1950 only some of the larger local authorities had a full-time official to supervise the layout and maintenance of planting. The 'heads of municipal plantings' met frequently then to update each other about their activities.[30] Different ideas about layout were threatening for the apparently peaceful world of the city parks department. In the 1950s the main debate was between those who preferred recreation and functionality and the plant lovers. The former, who were in the majority, felt that the important thing was the organization of space and the structure of the different compositional elements. Planting for them consisted for instance of a single compartment, simple to move around, containing just one variety of rose or shrub. Parks and other green spaces were spots for active recreation with hardly any room for a wide assortment of plants. As a craftsman Broerse felt nothing but horror for this degradation of plants to the level of building blocks. He was also against the 'banalization' that occurred when the design was approved on the basis of a ground plan without the planting even being specified.

Most city planners saw the green-coloured spaces on the ground plan as areas to fill up with trees and grass. In Broerse's view, this approach, while it might occasionally produce a satisfactory composition, was generally indicative of a lack of imagination. The mentality of the authorities was slow to change. There were few who understood that an experienced garden or landscape designer could make a valuable contribution. In 1950 Broerse undertook a commission for Amstelveen that he described as 'a functional planting'.[31] It concerned the construction of a new swimming pool on the north bank of De Poel. The planting was given a lucid pattern with clearly traced paths for the visitors to the pool. The buildings were not camouflaged; on the contrary the clean lines of the planting served to accentuate them. One important factor was the preservation of

Broerse had een helder beeld voor ogen hoe het landschap van Walcheren eruit behoorde te zien. Belangrijk was de afwisseling in het oude landschap, de begroeide duinen aan de kust bij Oostkapelle en Domburg, de Manteling, de oude buitenplaatsen, de weiden en boomgaarden, de begroeide sloten en wegkanten, de oude bomen in de dorpskernen en de beplanting van de bolwerken rondom oude steden. Deze schoonheid was voornamelijk van praktische oorsprong. Het landschap werd bepaald door onder meer hagen langs weiden, bermbeplanting, jachtgronden bij buitenplaatsen en houtproductie. Al voor de oorlog kwam hier verandering in door schaalvergroting en rationele inrichting van de boerderijen. Verbeterde drainagemethoden leidden tot een vermindering van het aantal sloten en door nieuwe landbouwmachines verliep de bewerking van het land vlotter. De cultuurtechnische ontwikkelingen in de landbouw leken geen concessies te willen doen aan bijvoorbeeld de unieke plantengroei langs de slootkanten. Broerse verzette zich niet zozeer tegen het zakelijk stempel dat een gedeelte van het landschap opgedrukt zou krijgen maar stelde dat de ingenieurs van de nieuwe polders het werk van de tuin- en landschapsarchitect op bepaalde terreinen niet konden missen. De voorgenomen herinrichtingsplannen van Walcheren verkeerden in een gevorderd stadium en Broerse voorspelde dat bij de uitvoering ervan grote gebieden boom- en struikloos zouden worden. De beplanting zou dan zijn teruggebracht tot accenten in het landschap, bij boerderijen en recreatieterreinen en langs wegen.

Op de historische plattegronden van Walcheren was van uniformiteit geen sprake. Broerse benaderde de toekomstige beplanting vanuit het kleinere schaalniveau van de dorpskern, de begraafplaats en het particuliere eigendom. Bij zijn esthetische overwegingen ging hij uit van de historie van de plek. Alles draaide om versterking of bestendiging van het landschappelijke karakter ter plaatse. Broerse was een gelovig man en dit kwam in zijn beschrijvingen van beplanting tot uiting. Zo nam hij voor de beplanting bij een kerk de omtrek van het gebouw als uitgangspunt. Ook de beplanting op Walcherse begraafplaatsen, die geen wandelplaatsen zijn maar juist sobere en stemmige plekken vol beloften en toekomstverwachting, paste hij hierbij aan. Voor het Walcherse landschap was een dijkbeplanting zonder de traditionele meidoorns en wilde rozen ondenkbaar. Uit de rijkdom aan wilde planten maakte Broerse een selectie die onder meer bestond uit kunstmatig vermeerderde primula's, bosviooltjes, wilde tulpen en sleutelbloemen.

Door de enorme bouwactiviteit bij de stadsuitbreidingen was de belangstelling voor recreatie en stedelijke beplantingen toegenomen. Toch hadden in 1950 slechts enkele grotere gemeenten een ambtenaar in dienst die de leiding had over de aanleg en het onderhoud van beplanting. Regelmatig kwamen de 'hoofden van gemeentelijke beplantingen' bijeen om elkaar op de hoogte te houden.[30] Verschillende opvattingen over de aanleg verstoorden de ogenschijnlijk rustige wereld van het stadsgroen. De discussie werd in de jaren vijftig gevoerd tussen degenen die een voorkeur hadden voor recreatie en functionaliteit enerzijds en de plantenliefhebber anderzijds. De eerste groep was het grootst en legde de nadruk op de indeling van de ruimte en de opbouw van de vormgevende elementen. De beplanting bestond dan bijvoorbeeld uit een eenvoudig te verplaatsen vak van één soort rozen of heesters. Parken en andere groene ruimten werden zo plekken voor actieve recreatie waarin nog nauwelijks plaats was voor een breed sortiment planten. Broerse wilde als vakman niets weten van deze degradatie van de planten tot bouwmateriaal. Hij was ook tegen de 'vervlakking', waarbij het ontwerp werd beoordeeld aan de hand van een plattegrond zonder dat de beplanting erop was aangegeven.

De meeste stedenbouwers zagen de ruimte die op de plattegrond groen was ingekleurd het liefst gevuld met gras en bomen. In de ogen van Broerse leidde dat in een aantal gevallen tot een goed geheel maar het duidde meestal op gebrek aan visie. De mentaliteitsverandering bij de overheid voltrok zich langzaam. Nog niet overal werd ingezien dat de hulp van een ervaren tuin- en landschapsarchitect goed van pas kon komen. In 1950 voerde hij voor de gemeente een opdracht uit voor wat hij 'een functionele beplanting' noemde.[31] Het ging om de bouw van het nieuwe zwembad aan de noordoever van de Poel in Amstelveen. De beplanting was in een helder patroon aangelegd waarbij de looproutes van de zwembadbezoekers duidelijk waren aangegeven. De gebouwen werden niet gecamoufleerd maar door de strakke lijnen in de beplanting juist geaccentueerd. Belangrijk was verder het behoud van het zeer fraaie en beschermde uitzicht over de Poel en het silhouet van de kerktoren in Bovenkerk. Behalve de strakke beplanting bij de gebouwen zorgde een losse beplanting van wilg, els, eik en es voor een aansluiting op het negentiende-eeuwse landschap met de plas, en hij beschouwde het als een goed voorbeeld van de samenwerking tussen tuinarchitect en stedenbouwer.

In 1951 kwam voor een gecombineerde vergadering van de Bond van Nederlandse Stedebouwkundigen en de Bond van Nederlandse Tuinarchitecten in Amstelveen een groep tuinarchitecten en stedenbouwkundigen bijeen om de toenemende belangstelling voor het openbaar groen te bespreken. Het initiatief hiervoor was genomen door Broerse en het openbaar groen van Amstelveen diende als uitgangspunt voor de gedachtewisseling.[32] Vanzelfsprekend stond een bezoek aan het Jac.P. Thijssepark op het programma, waar de stedenbouwkundigen konden zien dat er van een smalle strook van veertig meter breed wel meer te maken was dan een plantsoen met alleen maar sierheesters. In de inleidende lezing 'Het groen in de woonwijk' schetste hij kort de groei van Amstelveen en de uitbreiding van de parken en plantsoenen. De vraag was of het groene streepje op een uitbreidingsplan altijd wel overeenkwam met wat de stedenbouwkundige in gedachte had. Hij pleitte ervoor om het overleg tussen beide partijen al in de ontwerpfase te laten plaatsvinden. Met veel zelfvertrouwen discussieerde hij onder voorzitterschap van C. van Eesteren, de stedenbouwkundig ontwerper van het Algemeen Uitbreidingsplan van Amsterdam, met mensen die het groen in zijn visie architectonisch-esthetisch 'afmaten' en beoordeelden. Een betere illustratie van de verschillen in opvatting was niet te bedenken. Zo vond de een dat de beplanting in een wijk architectonisch diende te zijn en door het gebruik van dezelfde soorten planten moest worden gericht op het leggen van verbindingen tussen groenstroken en straten. De ander vond dat er in Nederland teveel passief groen was en zag liever grote open ruimten voor activiteiten. In plaats van de gelijkmatige verdeling van het groen in het stadsbeeld van Amstelveen zou het concentreren van groen meer mogelijkheden kunnen bieden, terwijl grote groene dominanten naast stenen dominanten voor meer afwisseling konden zorgen. De kritiek dat het Jac.P. Thijssepark slecht zou aansluiten op het Amsterdamse Bos sprak Broerse tegen met het argument dat het heempark een duidelijke verbinding vormde tussen het bos en de woonwijken in Amstelveen, maar in feite is met opzet niet gezorgd voor een goede verbinding tussen het verscholen park en het bos.

Heemparken en ecologie

Op veel plaatsen in Nederland zijn tegenwoordig openbare heemparken naar Amstelveens voorbeeld te vinden. In de jaren vijftig en zestig kreeg Broerse in Amstelveen een aantal opdrachten van bedrijven en particulieren waarbij hij het vooroorlogse streven naar groenverbindingen verder kon uitwerken. Eén van de meest geslaagde voorbeelden hiervan was de opdracht in 1957 voor de parkaanleg bij het nieuwe kantoorgebouw van Van Leer's vatenfabrieken aan de Amsterdamseweg. De zuidzijde van het perceel grensde aan park de Braak. Vanuit het bouwwerk, een soort X-vorm met vier smalle vleugels van glas, beton en staal, naar ontwerp van de Amerikaanse architect M. Breuer, had men in twee richtingen uitzicht over 'the pleasantly landscaped, park-like setting'.[33] De aanleg van Broerse was wat betreft vorm en beplanting een voortzetting van de Braak. Van Leer verhuurde vervolgens een gedeelte van de parkaanleg ten noorden van het kantoorgebouw, het zogenaamde Van Leerplantsoen, aan de gemeente Amstelveen, op voorwaarde dat de gemeente zorg droeg voor het onderhoud. Het werd voor het publiek opengesteld en betekende in feite een ver-

the extremely beautiful and protected view across De Poel and the silhouette of the church tower in Bovenkerk. Besides the rigid planting near the buildings, a looser planting of willow, alder, oak and ash meant that the pool fitted in with the surrounding nineteenth-century landscape. Broerse saw the plan as a good example of a collaboration between landscape gardener and city planner.

In 1951 there was a joint meeting of the *Bond van Nederlandse Stedebouwkundigen* (city planners) and the *Bond van Nederlandse Tuinarchitecten* (landscape gardeners) in Amstelveen; the aim was to discuss the increasing interest in public green spaces. The initiative was taken by Broerse and the green spaces in Amstelveen served as the focus for the exchange of views.[32] The programme included the obligatory visit to the Jac.P. Thijssepark to show the planners that more could be made of a narrow forty-metre strip than just a public garden with ornamental shrubs. In his introductory lecture 'Het groen in de woonwijk' - 'Green spaces in residential areas' - he gave a brief sketch of the development of Amstelveen and the enlargement of the parks and public gardens. The question was whether the little green strip on an extension plan fitted in with what the planner wanted. He made a case for the two parties discussing matters as early as the design stage. With great self-assurance, with C. van Eesteren, planner in charge of the Amsterdam General Extension Plan, in the chair, he discussed with people for whom - in his view - measuring and calculating were the be-all and end-all of architectural aesthetics. A better illustration of the clash of concepts could hardly be imagined. One planner for instance thought that the planting in a neighbourhood ought to have an architectural character and that the aim should be to create links between streets and strips of green by using uniform varieties of plants. Another thought there was too much 'passive' green in the Netherlands and preferred to see large open spaces for activities. Instead of the even spread of green areas in the townscape of Amstelveen, a concentration of green areas would offer more possibilities, while large green dominant features placed next to others in stone would make for more variety. Broerse answered the charge that the Jac.P. Thijssepark did not connect up properly with the Amsterdamse Bos by arguing that the heem park itself was an obvious connecting element between the wood and the residential area in Amstelveen; in fact however the lack of a good link between the concealed park and the wood was a deliberate choice.

Heem parks and ecology

Today there are heem parks based on the Amstelveen model in many places in the Netherlands. In the 1950s and 1960s Broerse was given a number of commissions in Amstelveen by businesses and private individuals, enabling him to continue his prewar experiments in linking green areas. One of the most successful was his 1957 commission for a park for the new office building for Van Leer's oil drum factory on Amsterdamseweg. The south side of the site fronted on De Braakpark. From the X-shaped construction with its four narrow wings of glass, concrete and steel, designed by the American architect, M. Breuer, staff could look out in two directions over 'the pleasantly landscaped, park-like setting'.[33] In terms of planting and shape Broerse's layout was a continuation of De Braak. Van Leer then leased out the part of the park north of the offices - now the Van Leerplantsoen - to the local authority of Amstelveen, on condition that the local authority took responsibility for the upkeep. It was opened to the public and in fact formed yet another extension of De Braak. Breuer described the natural character of the vegetation as 'unusually mossy, and heath-like'. During a large extension of the office block in the mid-1970s the Van Leerpark fell into decline. From something that must have been a major achievement in landscape gardening, little remained but a sort of heathy garden. The part of the park open to the public was given to the local authority as a long-term loan. The last link in the chain of green through Amstelveen was the planting round the building of the central office of KLM airlines west of the Wandelpark, designed by Broerse in 1969.

International acclaim for Broerse's work finally came in 1960 with the heem garden at the Floriade International Horticultural Exhibition in Rotterdam. The contribution of the Amstelveen parks department entitled 'Flowers in Fields and Woodlands' was prepared in the autumn of 1959 and was one of the mainstays of the exhibition. Apart from the indigenous bulbs, the plant material for the show all came from Amstelveen's own stock. The presentation at the Floriade meant that Broerse became known to a wider public; the creation of heem parks elsewhere in the Netherlands can be traced back to this exhibition. The Netherlands was also that year's host to the congress of the International Federation of Landscape Architects, with a visit to the Floriade and the Amstelveen heem parks as part of the programme. Among the speakers were some famous names - Geoffrey Jellicoe, Lewis Mumford, Artur Glikson and Gerda Gollwitzer. In 1960 and the years prior to the congress Broerse published a series of articles about the Amstelveen heem parks in the German journal, *Garten und Landschaft*.[34] Gollwitzer was the editor of the magazine and in 1958 she paid a visit to Amstelveen. In a letter to Broerse she wrote: 'gerade in der so stark kultivierten Holländischen Landschaft ist ein solches Stück Natur ein ganz besonderer Eindruck' (in a cultivated landscape like that of the Netherlands, a piece of nature like this is a remarkable sight). Besides a detailed explanation of what a heem park is, Broerse's articles are mainly concerned with discussing the relation between plants and human beings. He writes for instance, 'ferns have an exquisite shape, and with their soft green colour they teach us how we can live well even if our situation is lowly'.

In 1962 the first guide to the heem parks was published by the Amstelveen council. The pamphlet belonged to a long tradition of popular guides to nature going back to the end of the nineteenth century, with information for nature lovers about the wild plants they will see on their rambles. In the guide to the heem parks the visitor is informed step by step with the aid of a route about the native plants. This meant that awkward name plates such as one gets in botanical gardens were superfluous and the public could become familiar with the world of botany in a simple fashion. The guide was written by Broerse, and Landwehr did the drawings. The Thijssepark was the one that lent itself best to a guided walk with a description of the flora. The book also contained maps and illustrations of many of the plants. The index included a list of the most common Dutch plant names, along with their scientific, Latin names, based on the *Flora van Nederland* by Heukels and Van Oostroom (1922). A list of species of birds spotted there was also included. In later editions - there have been four in all - seasonal changes were also noted in the botanical descriptions.

During the 1960s heem planting continued to expand, although for the first time questions were raised about the labour-intensive maintenance of the parks - deemed necessary so as not to lose any spatial effects and attractive vistas. In this regard Broerse made it repeatedly clear that in his view timesaving alterations were not acceptable. Government institutions too began to show an increasing interest in the layout and upkeep of heem planting. In 1965 the Directorate-General for Public Works and Water Management was drawn into supporting an experiment where a natural flowery meadow was laid out as roadside flora along the Beneluxbaan, an important through-road. Apart from the fact that the variety made the wayside more attractive, the fact that it only needed mowing once or twice a year made for greater road safety. This roadside flora was one of the highpoints of heem planting in Amstelveen, but has unfortunately disappeared. The Meanderpark along the A9 motorway however is still there in all its glory.

Besides the implications of the heem parks for science, education and landscaping, a new value was first announced in the annual report of the Amstelveen parks department for 1968 - that of the residential environment. In the profession, the heem park was seen as a model 'for a positive approach to the prevention of the impoverishment of the residential environment'.

dere uitbreiding van de Braak. Breuer omschreef het natuurlijke karakter van de vegetatie als 'unusual mossy, and heath-like'. Bij een grote uitbreiding van het kantorencomplex halverwege de jaren zeventig raakte het Van Leerpark in verval. Van wat eens een hoogtepunt in de tuinarchitectuur moet zijn geweest bleef niet meer over dan een soort heidetuin. Het openbare deel van het park werd aan de gemeente in langdurige bruikleen gegeven. De laatste schakel in de groenverbinding vormde de beplanting bij het gebouw van het hoofdkantoor van de Koninklijke Luchtvaart Maatschappij ten westen van het Wandelpark. Hiervoor maakte Broerse in 1969 het beplantingsplan.

De internationale doorbraak kwam voor Broerse in 1960 met de heemtuin op de Internationale Tuinbouwtentoonstelling Floriade in Rotterdam. De inzending van de Amstelveense plantsoendienst 'Bloemen in Bos en Veld' was in het najaar van 1959 gereed en vormde één van de pijlers van de tentoonstelling. Met uitzondering van de inheemse bloembollen werd het plantmateriaal voor de tentoonstelling uit eigen voorraad geleverd. Door deze presentatie op de Floriade raakte het werk van Broerse bekend bij een breed publiek en de aanleg van heemparken elders in het land is direct op deze tentoonstelling terug te voeren. Tegelijkertijd organiseerde Nederland het IFLA-congres van de International Federation of Landscape Architects, waarbij een bezoek aan de Floriade en aan de heemparken in Amstelveen op het programma stond. Onder de sprekers waren bekende namen als Geoffrey Jellicoe, Lewis Mumford, Artur Glikson en Gerda Gollwitzer. In 1960 en in de jaren voorafgaand aan het congres publiceerde Broerse in het Duitse vaktijdschrift *Garten und Landschaft* een reeks artikelen over de Amstelveense heemparken.[34] Gollwitzer was redacteur van het tijdschrift en bracht in 1958 een bezoek aan Amstelveen. In een brief aan Broerse schreef ze: 'gerade in der so stark kultivierten Holländischen Landschaft ist ein solches Stück Natur ein ganz besonderer Eindruck'. In de artikelen van Broerse komt, naast een uitvoerige uitleg van wat een heempark eigenlijk is, vooral de relatie tussen mens en plant aan de orde. Zo schrijft hij onder meer: 'de varens hebben een fraaie vorm en zacht groene kleur en leren de mens hoe men op een bescheiden plaats toch leven kan'.

In 1962 verscheen bij de gemeente Amstelveen de eerste gids van de heemparken. Het boekje paste in de lange traditie van populaire natuurgidsen die vanaf het eind van de negentiende eeuw werden uitgegeven en die de natuurliefhebber informeerden over de wilde planten die hij tijdens zijn tocht door de natuur tegen kon komen. In de gids van de heemparken werd de wandelaar aan de hand van een uitgestippelde wandeling stap voor stap ingelicht over de inheemse planten in het park. Hierdoor waren storende naambordjes bij de planten zoals die in botanische tuinen werden gebruikt overbodig en kon het publiek toch op eenvoudige wijze kennis maken met de wereld van de botanie. De wandelgids was door Broerse geschreven en door Landwehr voorzien van tekeningen. Voor de wandeling en beschrijving van de wilde flora leende het Jac.P. Thijssepark zich het beste. De gids was voorzien van plattegronden en veel van de beschreven planten waren afgebeeld. Het register omvatte de meest gebruikte Nederlandse namen evenals de wetenschappelijke namen volgens de *Flora van Nederland* van Heukels en Van Oostroom (1922). Ook was een lijst opgenomen van gesignaleerde vogelsoorten. In latere edities, er zijn er intussen vier verschenen, is bij de botanische beschrijvingen tevens gelet op de verschillende jaargetijden.

De uitbreiding van de heembeplanting ging in de zestiger jaren gestaag door, hoewel voor het eerst het arbeidsintensieve onderhoud van het heemgroen ter discussie kwam te staan. Bij het onderhoud diende voortdurend gewaakt te worden voor het verlies van de ruimtelijke werking en de aantrekkelijke doorzichten en Broerse liet herhaaldelijk doorschemeren dat arbeidsbesparende wijzigingen niet mogelijk waren. Ook bij overheidsinstellingen groeide de belangstelling voor de aanleg en instandhouding van heembeplantingen. Zelfs Rijkswaterstaat toonde belangstelling voor een experiment in 1965 waarbij een zo natuurlijk mogelijke bloemenweide als bermbeplanting langs de Beneluxbaan, een belangrijke doorgangsweg, werd aangelegd. Behalve dat een wisselende kruidenbegroeiing fraaier was, zou

Van Leer-park, now De Braak (1976)

het 1 tot 2 keer maaien per jaar de verkeersveiligheid ten goede komen. Deze bermbeplanting vormde een van de hoogtepunten van het Amstelveense heemgroen maar is helaas verdwenen. Het Meanderpark langs de autosnelweg A9 ligt er echter nog in volle glorie bij.

Aan de wetenschappelijke, educatieve en landschappelijke betekenis van de heemparken werd in het jaarverslag van 1968 van de Amstelveense plantsoendienst een nieuwe toegevoegd: het woonmilieu. De vakwereld zou het heempark als een voorbeeld zien 'van een positieve benadering ter voorkoming van het probleem van de verarming van het woonmilieu'.

Broerse nam in 1967 afscheid van de plantsoendienst en kreeg van de Stichting Amsterdams Fonds voor de Kunst de J.T.P. Bijhouwerprijs voor Tuin- en Landschapsarchitectuur uitgereikt. Hij was actief geweest bij de Bond van Nederlandse Tuinarchitecten en had tussen 1956 en 1964 les gegeven in het vak materialen (levend materiaal) aan de Academie van Bouwkunst in Amsterdam. Zijn schrijftalent, waarmee hij regelmatig op humoristische wijze kritiek uitte op zijn vakgenoten, kwam hem van pas in *De Boomkwekerij*. Het Wandelpark, waar hij zijn loopbaan veertig jaar eerder mee was begonnen werd bij zijn afscheid omgedoopt tot het Broersepark. In hetzelfde jaar volgde B.

In 1967 Broerse retired from the parks department and was awarded the J.T.P. Bijhouwer Prize for Garden and Landscape Design by the Amsterdam Arts Council. He was an active member of the *Bond van Nederlandse Tuinarchitecten* and he gave courses in materials at the Academy of Architecture in Amsterdam between 1956 and 1964 - living materials, in his case. His talent as a writer found an outlet in *De Boomkwekerij*, where he frequently goaded his colleagues with his wit. On his retirement the Wandelpark, where he had launched his career forty years previously, was renamed 'Broersepark'. In the same year B. Galjaard succeeded him as director of the Amstelveen parks department. Broerse knew Galjaard from the period of the replanting of Walcheren and from his time as president of the *Bond van Nederlandse Tuinarchitecten*, and had designated him as the best choice for his successor. The department was no longer restricted to the layout and management of parks; in conjunction with private organizations it became increasingly involved in an active conservationist policy for nature and environment, expanding into a firm with a staff of more than 150.

Van Leer-park (± 1959)

Since debate started in the early 1970s about encroachments on our natural and living environment by a technological society, the subject has never vanished from the media and the political agenda. In the same period concern for changes in the landscape and in flora also gained ground. Although terms such as environment and ecology had already acquired their present meaning in the nineteenth century, it has only become a familiar topic for the general public over roughly the past thirty years.

In fact, from this time on the contrast in the discipline of garden and landscape architecture between neatly mown lawns combined with carefully tended cultivars and the heem parks, where it seemed as if everything was just allowed to grow at random, has become even greater. One result of the growing awareness of our environment has been the reduction in the use of chemical pesticides in public green areas. The increasing interest of local authorities and private individuals in wild plants has moreover led to a greater need for information about the special character of the supervision and maintenance of the Amstelveen public heem planting. More and more requests for example came for seeds of wild plants. Many plants were cultivated in De Braak's own nursery.

Galjaard hem op als directeur van de gemeentelijke plantsoendienst. Broerse kende Galjaard uit de periode van de herbeplanting van Walcheren en van zijn voorzitterschap bij de Bond van Nederlandse Tuinarchitecten, en had Galjaard geïntroduceerd als zijn meest geschikte opvolger. De dienst beperkte zich nu niet meer alleen tot de aanleg en het beheer van parken, maar raakte samen met particuliere organisaties steeds meer betrokken bij het actief behoud van natuur en milieu, en groeide uit tot een bedrijf met meer dan 150 personeelsleden.

Sinds begin jaren zeventig de discussie op gang kwam over de verstoring van het leefmilieu door de technologische maatschappij, is deze niet meer uit de media en van de politieke agenda verdwenen. In deze periode nam ook de aandacht voor de verandering van het landschap en de flora toe. Hoewel de termen milieu en ecologie al in de negentiende eeuw hun huidige betekenis kregen, zijn ze pas zo'n dertig jaar geleden bij een groter publiek bekend geworden.

In feite werd vanaf die tijd binnen het vakgebied van de tuin- en landschapsarchitectuur het contrast verder aangescherpt tussen bijvoorbeeld mechanisch gemillimeterde grasvelden en de veelal keurig onderhouden cultivars, en het heempark waar alles schijnbaar in het wilde weg mocht groeien. Een gevolg van het groeiende milieubesef was het terugdringen van het gebruik van chemische bestrijdingsmiddelen in het openbaar groen. De toenemende belangstelling voor wilde planten bij gemeenten en particulieren leidde bovendien tot een grotere behoefte aan informatie over de specifieke kenmerken van onderhoud en beheer van het Amstelveense openbaar heemgroen. Zo kwamen er steeds meer verzoeken om levering van zaden van wilde planten. Veel planten werden in de kwekerij van de Braak in eigen beheer opgekweekt. Op de Floriade van 1972 in Amsterdam stond de presentatie van de gemeente Amstelveen opnieuw in het teken van de inheemse flora. Ditmaal waren schalen met kleine natuurlijke plantenmilieus van de kwekerij ingezonden. Om aan de informatiebehoefte tegemoet te komen stelde Landwehr een 'Geschiktheidslijst voor de toepassing van kruidachtige en houtige heemplanten' samen. De oplage van duizend exemplaren was snel uitverkocht. Landwehr oogstte steeds meer lof voor zijn werk met wilde planten, wat onder meer kwam door de toegenomen belangstelling voor natuur en milieu. In 1974 verscheen bij het Instituut voor Natuurbeschermingseducatie (IVN) het boek *Wildeplantentuinen*. De auteurs waren K. Landwehr en C. Sipkes, eveneens een deskundige op het gebied van het gebruik van inheemse planten in tuinen en parken. Met de uitgave van dit boek hoopte het IVN, geheel in Thijsse's traditie, mensen een groter milieubesef bij te brengen. In de tekst keerden vooroorlogse termen als 'instructieve plantsoenen' en 'schoolbiologen' weer terug. Het kort na elkaar verschijnen van de twee herdrukken van *Heemparkwandelingen in Amstelveen* in de jaren zeventig, en de wekelijks terugkerende excursies door de heemparken getuigden van een opbloei van het fenomeen heempark. Gemeenten lieten de boterbloemen in de bermen staan en creëerden heemtuinen voor de scholen.

Iemand die geweldig inspeelde op de hernieuwde belangstelling voor de eigen omgeving en het milieu was de populaire amateurbioloog L. Le Roy. Wat begon als een eigengereide campagne tegen de activiteiten van de plantsoendiensten groeide in korte tijd uit tot een soort cultus. In zijn geruchtmakende boek *Natuur uitschakelen, natuur inschakelen*, dat in 1973 verscheen, stelde hij dat wanneer je de natuur zonder verder onderhoud haar gang liet gaan, er vanzelf een fraai, natuurlijk park zou ontstaan. Langs de Kennedylaan in Heerenveen, op een smalle strook van een kilometer lang in een saaie naoorlogse wijk met flats en eengezinswoningen, liet hij bij wijze van experiment de natuur zijn gang gaan. Het resultaat was een parkje waar bomen en berenklauw de eerste aanblik bepaalden en waar verder overwegend brandnetel, speenkruid en vlier groeiden. Door middel van muurtjes en heuveltjes van oud materiaal en enig graafwerk was reliëf aangebracht. In de ontstane wildernis was een slingerend paadje uitgekapt. Verder was van aanleg nauwelijks sprake. Landwehr had weinig op met de ideeën van Le Roy,[35] want iemand die meende dat een grote plantenrijkdom opgroeit als de natuur ongemoeid haar gang kan gaan, was niet deskundig. Het populaire experiment kon dan ook wel eens destructieve gevolgen hebben voor de heemparken. In de heemparken hadden de wilde planten en het bereiken van een natuurlijk effect veel aandacht nodig. Bekwame tuinlieden waren nauwelijks te vinden want de meeste tuinbouwscholen waren gericht op mechanische werkzaamheden of op het onderhoud van traditionele parken. In de Amstelveense heemparken hoefden echter geen rozen gesnoeid en geen randen bijgeknipt te worden. Hier ging de aandacht vooral uit naar het uitschakelen van de concurrentie tussen planten, waardoor een plantenrijkdom kon worden gehandhaafd.

De Kennedylaan werd uiteindelijk misschien wat gecultiveerder dan Le Roy had gehoopt. Als geheel was het ruiger en gevarieerder dan menig ander openbaar park, maar tegelijk ook weinig attractief en arm aan plantensoorten. De voorspelde kwaliteit van de beplanting overtrof het conventionele stadsgroen in elk geval niet. Wel maakte Le Roy iets los in de creatieve bewoner van de doorsnee nieuwbouwwijk. In de buitenlandse belangstelling voor Nederlandse experimenten op het gebied van stedelijk openbaar groen wer-

In 1972 the Floriade was held in Amsterdam; once more the theme of Amstelveen's presentation was indigenous flora. This time the contribution consisted of bowls with natural plant environments created by the nursery. To meet the demand for information, Landwehr drew up a 'Suitability list for herbaceous and woody heem plants'. The edition of one thousand was soon sold out. Landwehr won increasing acclaim for his work with wild plants, partly as a result of the growing concern with nature and the environment. In 1974 the *Instituut voor Natuurbeschermingseducatie* (IVN) - Institute for Conservation Education - published a book on wild gardens, *Wildeplantentuinen*. The authors were K. Landwehr and C. Sipkes, himself a specialist in the use of indigenous plants in parks and gardens. With this book the IVN - in the best tradition of Thijsse - aimed to encourage a greater awareness of the environment. Prewar terms such as 'educational gardens' and 'school biologists' were revived. During the 1970s the publication of two revised editions in quick succession of *Heemparkwandelingen in Amstelveen* and the weekly heem park excursions were proof that the phenomenon was enjoying a new lease of life. Local authorities let the buttercups grow by the wayside and created heem gardens for schools.

Someone who exploited the renewed interest in the environment was the popular amateur biologist, L. Le Roy. What begun as a high-handed campaign against the activities of the parks department soon developed into a sort of cult. In his controversial book *Natuur uitschakelen, natuur inschakelen*, published in 1973, he argued that when you let nature go its own way without any extra maintenance, you ended up with a beautiful natural park. On a small one-kilometre strip in a rather dreary postwar district with flats and single-family homes along Kennedylaan in Heerenveen he put his experiment to the test. The result was a small park where trees and cow-parsley reigned supreme, amidst stinging nettles, lesser celandine and elders. Some relief was introduced with a little digging and with low walls and hillocks made of scrap materials. A winding path was cut out of the resulting wilderness. For the rest there was no layout to speak of. Landwehr did not think very much of Le Roy[35] - someone who thought he could get an abundance of plants just by leaving nature alone did not know what he was talking about. This popular experiment might also have destructive consequences for the heem parks. In the heem parks the wild plants and the attaining of a natural effect required a great deal of care. Skilled gardeners were hard to find because most of the horticultural colleges specialized in mechanical activities or traditional upkeep. In the Amstelveen heem parks however, no roses needed pruning, nor were there any verges that needed tending. The chief concern was to eliminate the competition between plants so as to maintain an abundance of varieties.

Kennedylaan ended up looking more cultivated perhaps than Le Roy had intended. As a whole it was rougher and more varied than many other public parks, but it was also not very attractive and it only had a small number of plant species. In any case the quality of the planting was by no means superior to that of any conventional urban green area. Le Roy was however something of a catalyst for the more creative residents in the average new housing development. Foreigners interested in Dutch experiments in the field of city parks tend to quote Le Roy's work as often as they do the heem parks. Someone in the 1970s who set much store by the Netherlands' pioneering work in the field of ecological landscapes and heem parks was A. Ruff, lecturer in landscape design at Manchester University[36]. The landscape gardener S. Crowe also saw the Netherlands and Germany as pioneers in the field of restoring 'wildlife' in the city. In 1987, when Ruff weighed up the pros and cons however, he came to the conclusion that many ideas from this period in the Netherlands in fact booked fewer results than sometimes happened in other countries. Again, the role that certain individuals had played should not be exaggerated, given that many innovations took place in a broader social context outside garden and landscape design. The broader debate that Le Roy succeeded in unleashing

Meander, Amstelveen (1976)

soon died down and his influence on the field was in the end fairly insignificant.

Even if only from a purely aesthetic point of view, the group of landscape gardeners who thought of themselves as 'modernists' also took an interest in the designs of Broerse and his plantings. The landscape gardener M. Ruys (1904-1999) and Broerse were contemporaries, although they both went their own way in their profession, according to their background. Similar to Broerse, Ruys, a grower and independent designer with her own business who drew inspiration from 'innovatory' architects, made many designs for public spaces and was likewise involved with the adaptation of plants. In her standard work, *Het vaste plantenboek*, first published in 1950 and which has since appeared in a number of revised editions, the heem parks were included under the heading 'plants for running wild', originally written with C. Sipkes. One of her first designs was a wild garden (1925) in what later became the experimental gardens in her family's nursery of

den zowel de Amstelveense heemparken als het werk van Le Roy telkens aangehaald. Iemand die in de jaren zeventig veel waarde hechtte aan de pioniersrol van Nederland op het gebied van ecologische landschappen en heemparken, was A. Ruff, destijds docent landschapsarchitectuur aan de Universiteit van Manchester[36]. Maar ook landschapsarchitecte S. Crowe beschouwde Nederland en Duitsland als pioniers op het gebied van het terugbrengen van 'wildlife' in de stad. Toen Ruff in 1987 de balans opmaakte moest hij echter concluderen dat veel ideeën uit die tijd in Nederland zelf minder resultaat hadden geboekt dan soms in het buitenland. De rol die bepaalde individuen hadden gespeeld moest ook weer niet overschat worden, aangezien veel vernieuwingen in een breder sociaal kader buiten de tuin- en landschapsarchitectuur om hadden plaatsgevonden. De bredere discussie die Le Roy wist los te maken was van korte duur en zijn invloed op de tuin- en landschapsarchitectuur was uiteindelijk klein.

K.N.S.M. park, Amsterdam Mien Ruys

Moerheim in Dedemsvaart. Later she wrote that the wild garden was a form of democracy, in which there was room for different approaches; a controlled licence to grow wild, with strict forms and wild growth in friendly rivalry. Broerse, in her view, 'restricted himself to wild plants that were grown in great numbers and planted *en masse*. Although in this way only plants are used that grow there naturally, the layout itself is no imitation of nature'. It belonged then to the landscape style that she scoffed at, but the ponds and planting were very deliberately planned; 'the planting is of an impressive beauty that changes and renews itself with the seasons'.[37] The garden and landscape designer W. Boer (1922), who can be regarded as a kindred spirit of Ruys, is one of the few designers to place his work in a historical context. He combined a keen interest in plantings with a use of 'straight' lines in the design. In his article the great importance is sketched of plant geography and phytosociology for the evolution of the public park in the twentieth century. Boer argues that the heem park is an outstanding example of this approach; 'the experience of such a natural environment is invaluable for those who still relish the adventure of discovering the wealth of indigenous vegetation'.[38]

In recent years interest in the Jac.P. Thijssepark has entered a new phase. In present-day practice for example, a pronounced element of design has been added to the concern with ecology. P. Oudolf, one of today's most trendsetting nurserymen and designers of green space, uses newly cultivated types of grass and draws inspiration from the 'natural' landscape. His park designs included one in Enköping (Sweden) and the Staudengrund am Maschsee in Hanover (Germany). Some years ago, partly on the initiative of the writer and seed-grower R. Leopold, a symposium on 'Perennial Perspectives, Creative Ecology and Integral Landscape Design' was held, inspired by the work of Oudolf and other designers.[39] The symposium aims to foster the integration of landscape gardening with design, ecological knowledge and horticultural skills. Fundamental to the heem parks is the aesthetic use of wild plants, professional maintenance and ecological importance. And it is to these heem parks that Amstelveen owes its fame.

In zuiver esthetisch opzicht was er onder de groep tuinarchitecten die zich aansloten bij de architectengroep van het 'Nieuwe Bouwen' ook belangstelling voor de ontwerpen van Broerse en zijn beplantingen. Tuinarchitect M. Ruys (1904-1999) en Broerse waren leeftijdgenoten maar zochten ieder vanuit hun eigen achtergrond een weg binnen hun vakgebied. Ruys, die als kweker en onafhankelijk ontwerper met een eigen bureau aansluiting zocht bij de 'vernieuwende' architecten, maakte net als Broerse veel ontwerpen voor openbare ruimten en hield zich eveneens bezig met de toepassing van planten. In haar standaardwerk, *Het vaste plantenboek*, dat sinds 1950 in meerdere herziene oplagen verscheen, was het heempark ondergebracht onder het kopje 'planten voor verwildering', aanvankelijk geschreven met medewerking van C. Sipkes. Een van haar eerste ontwerpen was een verwilderingstuin (1925) in de latere proeftuinen bij de kwekerij Moerheim van haar familie in Dedemsvaart. Ze schreef later dat de verwilderingstuin voor haar een vorm van democratie was, waarin er plaats moest zijn voor verschillende opvattingen; een in de hand gehouden verwildering waarin strakke vormen en wilde begroeiing elkaar beconcurreren. Broerse beperkte zich in haar ogen 'tot wilde planten die in grote aantallen worden voortgekweekt en in massa geplant. Hoewel dus alleen planten die daar van nature voorkomen worden toegepast, is de aanleg zelf geen nabootsing van de natuur'. Het was dan wel in de door haar verguisde landschapsstijl, maar de vijvers en de beplanting waren zeer bewust ontworpen; 'de beplanting is telkens opnieuw door de loop der seizoenen van een indrukwekkende schoonheid'.[37] Tuin- en landschapsarchitect W. Boer (1922), als een geestverwant van Ruys kan worden beschouwd, is een van de weinige ontwerpers die zijn eigen werk in een historisch kader plaatste. Zijn nadrukkelijke belangstelling voor beplantingen combineerde hij met het gebruik van 'rechte' lijnen in het ontwerp. Daarin wordt het eminente belang van de plantengeografie en -sociologie voor de ontwikkeling van het openbare park in de twintigste eeuw geschetst. Boer stelt dat het heempark daar een uitgesproken voorbeeld van is; 'the experience of such a natural environment is invaluable for those who still relish the adventure of discovering the wealth of indigenous vegetation'.[38]

De afgelopen jaren is de belangstelling voor het Jac.P. Thijssepark in een nieuwe fase terechtgekomen. In de hedendaagse ontwerppraktijk wordt de belangstelling voor ecologie bijvoorbeeld versterkt met een nadrukkelijk vormgevingsaspect. P. Oudolf, momenteel een van de meest toonaangevende kwekers en ontwerpers van openbaar groen, gebruikt bij voorkeur nieuw gekweekte grassoorten en laat zich inspireren door een 'natuurlijk' landschap. Zijn ontwerpen voor openbare parken zijn onder meer te vinden in Enköping (Zweden) en de Staudengrund am Maschsee in Hannover (Duitsland). Enkele jaren geleden is mede op initiatief van zaadteler en schrijver R. Leopold het symposium 'Perennial Perspectives, Creative Ecology and Integral Landscape Design' gehouden, dat het werk van o.a. Oudolf als inspiratiebron heeft. Het symposium heeft tot doel de integratie van landschapsarchitectuur en ontwerp, ecologische kennis en horticultureel vakmanschap te bevorderen. De esthetische toepassing van wilde planten, het vakkundig onderhoud en het ecologisch belang, vormen de basis voor de heemparken. Amstelveen heeft haar naam en faam aan deze heemparken te danken.[39]

Bronnen en noten

Archieven
GAA Gemeentearchief Amsterdam
HAGA Historisch Archief Gemeente Amstelveen
(Archief Heimans en Thijsse Stichting Amsterdam)
RNH Rijksarchief Noord-Holland

1 Zie pp. 163-165
2 *Verslag van het Internationaal Tuinbouw-congres.* Amsterdam, 17-23 september 1923, pp. 61-82
3 'Huis- of Tuinarchitekt?', jrg. 16 nr. 24, 13 juni 1917, pp. 187-189
4 F. Koster, *Ons schoone land.* Amsterdam, 1942. Jac.P. Thijsse, *Natuurbescherming en landschapsverzorging in Nederland.* Amsterdam, 1946
5 HAGA. Dossier C.P. Broerse
6 V. van Rossem, *Het Algemeen Uitbreidingsplan van Amsterdam: geschiedenis en ontwerp.* Rotterdam, 1993. p. 62
7 RNH. Archief 397, doos 73-76 (1926-1943)
8 Idem. Archief 397, doos 73, brief van Hudig (voorzitter Technische Subcommissie) aan Thomése, 30 april 1926
9 Idem. Archief 397, doos 74, notulen Technische Subcommissie, 14 april 1930
10 Idem. Archief 397, doos 74, notulen Technische Subcommissie, 27 april 1931
11 Idem. Archief 397, doos 76, notulen Vaste Commissie punt 10, ontwerp-herziening uitbreidingsplan-in-onderdelen van Nieuwer-Amstel voor Amstelveen, 29 april 1940
12 HAGA. Voor gegevens over de Braak en het Jac.P. Thijssepark, archief 1940-1960, doos 60
13 HAGA. Tabellenlijst van plantengemeenschappen in verband met de aanleg en beplanting van heemtuin De Braak te Nieuwer-Amstel, 1937-1942. Ontwerptekeningen aanleg en beplanting de Braak, 1937-42, 1944
14 Over dit onderwerp verscheen eerder: G. Bekkers, 'Het Hollandse landschap in de tuinkunst. Plantengemeenschappen als medium bij het ontwerp, 1900-45'. In: *Tuinkunst. Nederlands jaarboek voor de geschiedenis van tuin- en landschapsarchitectuur 1 (1995).* Amsterdam, 1996. pp. 95-120. Vergelijk ook: 'Jacobus P. Thijsse's Influence on Dutch Landscape Architecture'. In: J. Wolschke-Bulmahn (ed.), *Nature and Ideology. Natural Garden Design in the Twentieth Century* (Dumbarton Oaks Colloquium on the History of Landscape Architecture, XVIII). Washington, 1997, pp. 155-185
15 H.O. van der Linden van Snelrewaard, 'Hortus geographiae plantarum', 9 september 1893, pp. 298-299. In de tekst werd gerefereerd aan twee 'gidsen' van de botanische tuin uit 1890, een geschreven door F. Pax, de ander door H. Potonié
16 Voor de relatie tussen natuurbescherming en recreatie in Nederland en de rol van Jac.P. Thijsse zie het artikel van de planoloog R.R. Symonds in *Town Planning Review.* Juli 1958, pp. 113-126
17 Koninklijk Besluit *Staatscourant,* 31 maart 1906
18 'Parken en plantsoenen in dienst van Volksontwikkeling en -opvoeding' *Algemeen Handelsblad,* 18 juli 1919
19 *Boomen en heesters in parken en tuinen.* Zutphen, 1908, pp. 13-14
20 In *De Bouwwereld,* jrg.6 nr.13, 27 maart 1907, pp. 100-101, wordt *Gartengestaltung* vanwege de vrijheid in stijlkeuze en de praktische raadgevingen zelfs aangeprezen in de bouwkundige kringen als meest geschikte boek. Architecten gingen zich steeds vaker bezig houden met tuinaanleg
21 J.T.P. Bijhouwer, 'Natuurwetenschap en Nationaal Plan', jrg. 24, nr. 4, april 1943, pp. 43-46. Th. Weevers, 'Natuurbescherming in Nederland', jrg. 24, nr. 6, juni 1943, pp. 61-67
22 'Behouden of Scheppen?', jrg.15, maart 1934, pp. 34-35
23 'Het Heempark I'. In: *De Boomkweekerij,* jrg. 2 (1946-1947), nr. 5, 6 december 1946, pp. 38-39. 'Het Heempark II'. In: *De Boomkwekerij,* jrg. 2 (1946-1947), nr. 6, 20 december 1946, pp. 54-55
24 A.J. ter Pelkwijk, 'Overwegingen bij de inrichting van "instructieve plantsoenen"', jrg. 1, nr.27, 30 augustus 1946, pp. 207-208. J.P. Thijsse. 'Een instructief plantsoen en het voorgestelde "Heempark" twee verschillende zaken', jrg. 24, nrs. 9-10, september/oktober 1943, pp. 116-118
25 Jac.P. Thijsse, *Natuurbescherming en landschapsverzorging in Nederland.* Amsterdam, 1946. p. 103
26 A.J. ter Pelkwijk, *De Boomkwekerij,* jrg. 2 (1946-1947), nr. 8, 17 januari 1947, p. 72
27 'Parkbeplanting in het veen'. In: *De Boomkweekerij,* jrg. 1 (1945-1946), nr. 6, pp. 35-36 t/m nr. 14, pp. 105-106
28 H. Blanck, *Aspects of Change in Some Nature-like Parks in the Netherlands* (Rapport Landskapsplanering: 4). Alnarp, 1996
29 'De herbeplanting van Walcheren'. In: *De Boomkweekerij,* jrg. 1 (1945-1946) nr. 18, pp. 133-135 t/m nr. 23, pp. 172-174. Vergelijk A. van der Valk, *Planologie en natuurbescherming in historisch perspectief.* 's-Gravenhage, 1982. pp. 95-96
30 *De Boomkwekerij,* jrg. 5, nr. 12, 17 maart 1950, p. 91
31 *De Boomkwekerij,* jrg. 8, nr. 2, 17 oktober 1953, p. 14
32 HAGA. Verslag vergadering 14 juni 1951 en lezing van C.P. Broerse, 'Het groen in de woonwijk'. 'Stedebouwers en Tuinarchitecten ontmoeten elkaar in het openbaar groen van Amstelveen'. In: *De Boomkwekerij,* jrg. 6, nr. 23, 7 september 1951, pp. 170-172
33 'Suburban office building near Amsterdam by Breuer'. In: *Architectural Record,* augustus 1959, pp. 126-134
34 HAGA. Brief Gollwitzer aan Broerse dd. 12 juli 1958. 'Die Heemparke und ihre Pflanzen', nr. 9, 1958, pp. 249-250. 'Im Park zu Hause. Wie die Heemparke in Amstelveen entstanden', nr. 2, 1959, pp. 42-46. 'Parkanlagen mit einheimischen Pflanzen: Die Heemparke in Amstelveen', nr. 11, 1960, pp. 301-302
35 In een interview gehouden tijdens een wandeling door het Jac.P. Thijssepark, *De Volkskrant,* 17 augustus 1974
36 T. Deelstra (ed.), *Holland and the Ecological Landscapes 1973-1987* (Urban and Regional Studies, volume 1). Delft, 1987. 'Ecology and gardens'. In: P. Good & M. Lancaster (eds), *The Oxford Companion to Gardens.* Oxford, 1986. pp. 152-154
37 *Van vensterbank tot landschap* (i.s.m. R. Zandvoort). Bussum 1981, pp. 89-90. *Het nieuwe vaste plantenboek* (eerste editie heette *Het vaste plantenboek,* 1950). Baarn/Antwerpen, 1973, p. 138
38 W.C.J. Boer, 'Changing Ideals in Urban Landscape Architecture in the Netherlands'. In: M.J. Vroom & J.H.A. Meeus (eds) *Learning from Rotterdam.* London, 1990. Vergelijk over hetzelfde thema: G.F. Thompson & F.R. Steiner, *Ecological Design and Planning.* New York, 1997
39 R. Leopold (ed.), *Perennial Preview. Creative Ecology and Integral Landscape Design.* Groningen, 1997. M. King e.a., *Nieuwe bloemen nieuwe tuinen een nieuwe beweging in de tuinarchitectuur.* Warnsveld, 1997. Zie ook het tijdschrift *Oase*

Sources en notes

Archives
GAA Gemeentearchief Amsterdam
HAGA Historisch Archief Gemeente Amstelveen
(Archief Heimans en Thijsse Stichting Amsterdam)
RNH Rijksarchief Noord-Holland

1 See pp. 163-165
2 *Rapport van het Internationaal Tuinbouw-congres.* Amsterdam, 17-23 September 1923, pp. 61-82
3 'Huis- of Tuinarchitekt?', volume 16, no. 24, 13 June 1917, pp. 187-189
4 F. Koster, *Ons schoone land.* Amsterdam, 1942. Jac.P. Thijsse, *Natuurbescherming en landschapsverzorging in Nederland.* Amsterdam, 1946
5 HAGA. Dossier C.P. Broerse
6 V. van Rossem, *Het Algemeen Uitbreidingsplan van Amsterdam: geschiedenis en ontwerp.* Rotterdam, 1993, p. 62
7 RNH. Archive 397, files 73-76 (1926-1943)
8 Idem. Archive 397, file 73, letter from Hudig (chairman, Technical Subcommittee) to Thomése, 30 April 1926
9 Idem. Archive 397, file 74, Minutes of the Technical Subcommittee, 14 April 1930
10 Idem. Archive 397, file 74, Minutes of the Technical Subcommittee, 27 April 1931
11 Idem. Archive 397, file 76, Minutes of the Permanent Committee, item 10, design revision of extension plan in parts of Nieuwer-Amstel for Amstelveen, 29 April 1940
12 HAGA. For information about De Braak and the Jac.P. Thijssepark, see archive 1940-1960, file 60
13 HAGA. Table of plant communities with regard to the layout and planting of De Braakpark in Nieuwer-Amstel, 1937-1942. Design drawing of layout and planting of De Braakpark, 1937-1942, 1944
14 For this subject see G. Bekkers, 'Het Hollandse landschap in de tuinkunst. Plantengemeenschappen als medium bij het ontwerp, 1900-45'. In: *Tuinkunst. Nederlands jaarboek voor de geschiedenis van tuin- en landschapsarchitectuur 1 (1995).* Amsterdam, 1996. pp. 95-120. Cf. also, 'Jacobus P. Thijsse's Influence on Dutch Landscape Architecture'. In: J. Wolschke-Bulmahn (ed.), *Nature and Ideology. Natural Garden Design in the Twentieth Century* (Dumbarton Oaks Colloquium on the History of Landscape Architecture, XVIII). Washington, 1997, pp. 155-185
15 H.O. van der Linden van Snelrewaard, 'Hortus geographiae plantarum', 9 September 1893, pp. 298-299. The text refers to two 'guides' to the Botanical Gardens of 1890, one by F. Pax, the other that of H. Potonié
16 For the relation between recreation and conservation in the Netherlands and Thijsse's role see the article by the planner R.R. Symonds in *Town Planning Review.* July 1958, pp. 113-126
17 Royal Decree, *Staatscourant,* 31 March 1906
18 'Parken en plantsoenen in dienst van Volksontwikkeling en -opvoeding', *Algemeen Handelsblad,* 18 July 1919
19 *Boomen en heesters in parken en tuinen.* Zutphen, 1908, pp. 13-14
20 In *De Bouwwereld,* volume 6, no. 13, 27 March 1907, pp. 100-101, *Gartengestaltung* was even praised in architectural circles as the most valuable book on the subject, due to its freedom in stylistic choice and its practical advice. Architects were becoming ever more interested in garden design during this period
21 J.T.P. Bijhouwer, 'Natuurwetenschap en Nationaal Plan', volume 24, no. 4, April 1943, pp. 43-46. Th. Weevers, 'Natuurbescherming in Nederland', volume 24, no. 6, June 1943, pp. 61-67
22 'Behouden of Scheppen?', volume 15, March 1934, pp. 34-35
23 'Het Heempark I'. In: *De Boomkweekerij,* volume 2 (1946-1947), no. 5, 6 December 1946, pp. 38-39. 'Het Heempark II'. In: *De Boomkwekerij,* volume 2 (1946-1947), no. 6, 20 December 1946, pp. 54-55
24 A.J. ter Pelkwijk, 'Overwegingen bij de inrichting van "instructieve plantsoenen"', volume 1, no. 27, 30 August 1946, pp. 207-208. J.P. Thijsse, 'Een instructief plantsoen en het voorgestelde "Heempark" twee verschillende zaken', volume 24, nos. 9-10, September/October 1943, pp. 116-118
25. Jac.P. Thijsse, *Natuurbescherming en landschapsverzorging in Nederland.* Amsterdam, 1946. p. 103
26. A.J. ter Pelkwijk, *De Boomkwekerij,* volume 2 (1946-1947), no. 8, 17 January 1947, p. 72
27. 'Parkbeplanting in het veen'. In: *De Boomkweekerij,* volume 1 (1945-1946), no. 6, pp. 35-36 to no. 14, pp. 105-106
28. H. Blanck, *Aspects of Change in Some Nature-like Parks in the Netherlands* (Rapport Landskapsplanering: 4). Alnarp, 1996
29 'De herbeplanting van Walcheren'. In: *De Boomkweekerij,* volume 1 (1945-1946), no. 18, pp. 133-135 to no. 23, pp. 172-174. Cf. A. van der Valk, *Planologie en natuurbescherming in historisch perspectief.* The Hague, 1982, pp. 95-96
30. *De Boomkwekerij,* volume 5, no. 12, 17 March 1950, p. 91
31. *De Boomkwekerij,* volume 8, no. 2, 17 October 1953, p. 14
32 HAGA. Minutes of meeting, 14 June 1951 and lecture by C.P. Broerse, 'Het groen in de woonwijk'. 'Stedebouwers en Tuinarchitecten ontmoeten elkaar in het openbaar groen van Amstelveen'. In: *De Boomkwekerij,* volume 6, no. 23, 7 September 1951, pp. 170-172
33. 'Suburban office building near Amsterdam by Breuer'. In: *Architectural Record,* August 1959, pp. 126-134
34 HAGA. Letter from Gollwitzer to Broerse, 12 July 1958. 'Die Heemparke und ihre Pflanzen', no. 9, 1958, pp. 249-250. 'Im Park zu Hause. Wie die Heemparke in Amstelveen entstanden', no. 2, 1959, pp. 42-46. 'Parkanlagen mit einheimischen Pflanzen: Die Heemparke in Amstelveen', no. 11, 1960, pp. 301-302
35 Interview recorded during a walk in the Jac.P. Thijssepark, *De Volkskrant,* 17 August 1974
36 T. Deelstra (ed.), *Holland and the Ecological Landscapes 1973-1987* (Urban and Regional Studies, volume 1). Delft, 1987. 'Ecology and gardens'. In: P. Good & M. Lancaster (eds), *The Oxford Companion to Gardens.* Oxford, 1986, pp. 152-154
37 *Van vensterbank tot landschap* (in collaboration with R. Zandvoort). Bussum 1981, pp. 89-90. *Het nieuwe vaste plantenboek* (1st edition had a different title: *Het vaste plantenboek,* 1950). Baarn/Antwerp, 1973, p. 138
38 W.C.J. Boer, 'Changing Ideals in Urban Landscape Architecture in the Netherlands'. In: M.J. Vroom & J.H.A. Meeus (eds), *Learning from Rotterdam.* London, 1990. Cf. on the same subject: G.F. Thompson & F.R. Steiner, *Ecological Design and Planning.* New York, 1997
39 R. Leopold (ed.), *Perennial Preview. Creative Ecology and Integral Landscape Design.* Groningen, 1997. M. King *et al.*, *Nieuwe bloemen nieuwe tuinen een nieuwe beweging in de tuinarchitectuur.* Warnsveld, 1997. See also the journal *Oase*

Park Enköping Sweden, Piet Oudolf

A listing of key plants

The park is an important source of inspiration for anyone working with botanical plants, and especially with plants that prefer shady or semi-shady conditions. How can I cultivate my garden in such a way as to make it consistently interesting from spring until autumn? One way is to have a basic ground cover of Wood Sorrel, Sweet Woodruff or Bugle. In spring, clumps of ferns or bulbs will shoot up here and there through the undergrowth.

It seems so simple, but this kind of field, bordered by trees, shrubs and water, is tremendously powerful. The slight surface relief and the plants make it even more exciting. It is not actually necessary for the plants to bloom; often, it is the variety of green colours and shapes of the plants that also create the tension.

Less is more, but achieving this depends on having a thorough knowledge of the plants and their characteristics. Let the plants guide you; don't keep wanting to change them all the time. In Amstelveen you can experience the beauty of older plants, in the Royal Ferns for example. These are the features that make you want to start working with botanical plants. I would like to suggest a few plant combinations that might create a nice effect. The final result depends on the type of soil, maintenance, and light and shade of course.

Not everything we see in the park can be recreated in one's own garden in a short space of time. Few people are able to grow Bog Asphodel for example, since the environmental requirements of these plants are too specific. Also, the rampant growth of Horsetail can drive people mad. It is also important that the plants are commercially available. Beside an extensive plant list, the following offers a few examples of plant combinations. These are combinations that I personally find very attractive, ecologically sound and not too difficult to grow.

Shadow plants for humid soil:
Golden Saxifrage and Lady Fern at the waterside, along with Marsh Marigold and Royal Fern
Wood Sorrel and Deer Fern, with the occasional Lady Fern in between
Ivy and Oxlip
Periwinkle with clumps of Narrow-leaved Lungwort
Pendulous Sedge with the occasional Lady Fern
Lungwort, Woodland Violet, Cowslip and Sweet Violet
Wood Stitchwort with clumps of Pendulous Sedge
Wood Sorrel and Rampion
Periwinkle and Wood False-brome
Wood Sorrel and Wood False-brome
Paths bordered with:
Wood Melick
Long Beech Fern
Greater Celandine
Oak Fern
A small meadow with: Meadow Cranesbill, Bugle, Self-heal, Betony, Red Campion, Great Burnet and Ragged Robin
On acidic soil:
Crowberry with Cowberry, Cranberry and some Creeping Willow; along the edges Deer Fern and Polypody
Crowberry and Polypody
Bog Asphodel, Cowberry, Marsh Andromeda and Cross-leaved Heath with some Creeping Willow and Bog Myrtle
Ling with Crowberry, and Common Hair Cap with Creeping Willow and Bog Myrtle

Index van planten

Het park is een belangrijke inspiratiebron voor iedereen die zelf met heemplanten aan de slag gaat. Vooral planten die groeien in de schaduw en de halfschaduw. Hoe kan ik mijn tuin zo inrichten dat het ook van het voor- tot het najaar boeiend blijft. Een basis tapijt van bijvoorbeeld bosklaverzuring , lieve-vrouwe-bedstro of zenegroen kan hiervoor zorgen. In het voorjaar komen hier en daar toefen met varens of bolgewassen omhoog. Het lijkt zo simpel maar wat gaat er van een dergelijke ruimte, begrensd door bomen, struiken en water een kracht uit. Wat reliëf in de bodem of de begroeiing maakt het alleen maar spannender. Vaak zit de spanning ook in de verschillende kleuren groen en de structuren van de planten. De voorwaarde van bloei is niet eens noodzakelijk.

Het is de kunst van het weglaten. Maar zonder een grote kennis van de planten en hoe ze zich gedragen, krijg je dit niet voor elkaar. Je moet de planten durven volgen en niet iedere keer wat anders willen. De schoonheid van de ouderdom zie je in Amstelveen onder andere in de koningsvarens. Het zijn deze patronen die je inspireren om er zelf mee aan de slag te gaan.

Ik noem een aantal combinaties van planten die een goed effect kunnen opleveren. Grondsoort, onderhoud en licht en schaduw spelen een rol bij het uiteindelijke resultaat. Niet alles wat in het park te zien is, kan even snel in de eigen situatie worden gerealiseerd. Zo is de beenbreekvegetatie voor weinigen weggelegd. Deze planten stellen te hoge eisen aan het milieu waarin ze willen groeien. Ook kan de woekerkracht van de paardestaarten mensen tot waanzin drijven. Bovendien moeten de soorten in de handel verkrijgbaar zijn. Hierbij een aantal voorbeelden van combinaties die ik erg mooi vind, ecologisch nog vind kloppen en enigszins haalbaar zijn (naast een uitvoerige plantenlijst).

Vochtige schaduw:
Paarbladig goudveil met wijfjesvaren aan de waterkant aangevuld met dotterbloem en koningsvaren.
Bosklaverzuring met dubbelloof met hier en daar een wijfjesvaren
Klimop met slanke sleutelbloem
Maagdenpalm met plukken gevlekt longkruid
Hangende zegge met hier en daar eenwijfjesvaren
Longkruid met bosviooltje sleutelbloemen en maarts viooltje
Bosmuur met enkele pollen hangende zegge
Bosklaverzuring met rapunzel
Maagdenpalm met boskortsteel
Bosklaverzuring met boskortsteel
Paden omzoomd met:
Enkelbloemig parelgras
Smalle beukvaren
Stinkende gouwe
Gebogen beukvaren
Een weitje met beemdooievaarsbek , kruipend zenegroen, brunel, betonie, dagkoekoeksbloem ,grote pimpernel en echte koekoeksbloem
Op de zure grond:
Kraaiheide met rode bosbes, cranberry hier en daar wat kruipwilg en aan de randen dubbelloof en eikvaren
Kraaiheide en eikvaren
Beenbreek , rode bosbes, lavendelheide ,dopheide met hier en daar wat kruipwilg en een struik gagel
Struikheide met kraaiheide en haarmos met kruipwilg en gagel

Aardbeiganzerik | Potentilla sterilis
Adderwortel | Persicaria bistorta
Adelaarsvaren | Pteridium aquilinum
Akelei-wilde | Aquilegia vulgaris
Akkerklokje | Campanula rapunculoides
Amandelwolfsmelk | Euphorbia amygdaloides
Beekpunge | Veronica beccabunga
Beemdkroon | Knautia arvensis
Beemdooievaarsbek | Geranium pratense
Berendruif | Arctostaphylos uva-ursi
Bermooievaarsbek | Geranium pyrenaicum
Besanjelier | Cucubalis baccifer
Betonie | Stachus officinalis
Bevertjes | Briza media
Bieslook | Allium schoenoprasum
Bittere veldkers | Cardamine amara
Blaassilene | Silene vulgaris
Blaasvaren | Cystopteris fragilis
Blauwe bosbes | Vaccinium myrtillus
Blauwe druifjes | Muscari botryoides
Blauwe knoop | Succisa pratensis
Bleeksporig bosviooltje | Viola riviniana
Boerenkrokus | Crocus tommasinianus
Boerenwormkruid | Tanacetum vulgare
Bont kroonkruid | Securigera varia
Bosaardbei | Fragaria vesca
Bosandoorn | Stachys sylvatica
Bosanemoon | Anemone nemorosa
Bosereprijs | Veronica montana
Bosbingelkruid | Mercurialis perennis
Bosgierstgras | Millium effusum
Boslathyrus | Lathyrus sylvestris
Boskortsteel | Brachypodium sylvaticum
Bosmuur | Stellaria nemorum
Bostulp | Tulipa sylvestris
Boswalstro | Galium sylvaticum
Boswederik | Lysimachia nemorum
Brede stekelvaren | Dryopteris dilatata
Brede ereprijs | Veronica austriaca subsp. teucrium
Breed klokje | Campanula latifolia
Cipreswolfsmelk | Euphorbia cyparissias
Dagkoekoeksbloem | Silene dioica
Dicht havikskruid | Hieracium vulgatum
Donkere ooievaarsbek | Geranium phaeum
Dophei | Erica tetralix
Dotterbloem | Caltha palustris
Dubbelloof | Blechnum spicant
Duifkruid | Scabiosa columbaria
Echte gamander | Teucrium chamaedrys subsp. germanicum
Echte guldenroede | Solidago virgaurea
Echte heemst | Althaea officinalis
Echte koekoeksbloem | Lychnis flos-cuculi

Echte valeriaan | Valeriana officinalis
Eenarig wollegras | Eriophorum vaginatum
Eenbloemig parelgras | Melica uniflora
Gebogen driehoeksvaren | Gymnocarpium dryopteris
Geel walstro | Galium verum
Geel zonneroosje | Helianthemum nummularium
Gele anemoon | Anemone ranunculoides
Gele dovenetel | Lamiastrum galeobdolon
Gele helmbloem | Pseudofumaria lutea
Gele monnikskap | Aconitum vulparia
Gevlekt longkruid | Pulmonaria officinalis
Gevlekte dovenetel | Lamium maculatum
Gewone agrimonie | Agrimonia eupatoria
Gewone brunel | Prunella vulgaris
Gewone eikvaren | Polypodium vulgare
Gewone ereprijs | Veronica chamaedrys
Gewone margriet | Leucanthemum vulgare
Gewone salomonszegel | Polygonatum multiflorum
Gewone vogelmelk | Ornithogalum ubellatum
Gewoon vingerhoedskruid | Digitalis purpurea
Grasklokje | Campanula rotundifolia
Groot heksenkruid | Circaea lutetiana
Groot hoefblad | Petasites hybridus
Grote centaurie | Centaurea scabiosa
Grote bosaardbei | Fragaria moschata
Grote kattentaart | Lythrum salicaria
Grote muur | Stellaria holostea
Grote pimpernel | Sanguisorba officinalis
Gulden sleutelbloem | Primula veris
Hartbladzonnebloem | Doronicum pardaliaches
Hemelsleutel | Sedum telephium
Holwortel | Corydalis cava
Kamvaren | Dryopteris cristata
Karthuizeranjer | Dianthus carthusianorum
Kleine maagdenpalm | Vinca minor
Knikkend nagelkruid | Geum rivale
Knoopkruid | Centaure jacea
Koninginnenkruid | Eupatorium cannabinum
Koningsvaren | Osmunda regalis
Kraaihei | Empetrum nigrum
Kranssalomonszegel | Polygonatum verticillatum
Kruipend zenegroen | Ajuga reptans |
Lavendelhei | Andromeda polifolia
Lelietje-van-dalen | Convallaria majalis
Lievevrouwebedstro | Galium odoratum
Maartsviooltje | Viola odorata
Mannetjesvaren | Dryopteris filix-mas
Moerasspirea | Filipendula ulmaria
Moerasvaren | Thelypteris palustris
Moeraswolfsmelk | Euphorbia palustris
Muskuskaasjeskruid | Malva moschata
Paarbladig goudveil | Chrysoplenium oppositifoliu

Pinksterbloem | Cardamine pratensis
Poelruit | Thalictrum flavum
Robertskruid | Geranium robertianum
Rode bosbes | Vaccinium vitis-idaea
Ruig klokje | Campanula trachelium
Slanke sleutelbloem | Primula elatior
Smalle beukvaren | Phegopteris connectilis
Steenanjer | Dianthus deltoides
Stengelloze sleutelbloem | Primula vulgaris
Stinkende gouwe | Chelidonium majus
Struikhei | Calluna vulgaris
Stijve naaldvaren | Polystichum aculeatum
Tongvaren | Asplenium scolopendrium
Valse salie | Teucrium scorodonia
Veldsalie | Salvia pratensis
Verspreidbladig goudveil | Chrysoplenium alternifolium
Vingerhelmbloem | Corydalis solida
Waterdrieblad | Menyanthes trifoliata
Welriekende agrimonie | Agrimonia procera
Wilde akelei | Aquilegia vulgaris
Wilde herfsttijloos | Colchicum autumnale
Wilde hyacint | Scilla non-scripta
Wilde kievitsbloem | Fritillaria meleagris
Wildemanskruid | Pulsatilla vulgaris
Wilde marjolein | Origanum vulgare
Wilde tijm | Thymus serpyllum
Witte klaverzuring | Oxalis accetosella
Wijfjesvaren | Anthyrium filix-femina
Zwarte toorts | Verbascum nigrum

Heilien Tonckens, Appelscha

translation | vertaling
Donald Gardner

text editing | tekstredactie
Lodewijk Odé & Chris Gordon

design | ontwerp
Thijs van Delden

cover design | omslag ontwerp
Caroline de Lint

production | produktie
Slenderprint

Printed in Spain

photography | fotografie
Jan Derwig

except | behalve
p. 2, 6, 8, 17-19, 20, 22, 25, 44, 47 Historisch Archief Gemeente Amstelveen
p. 12-18, 27-29, 36-38 Gemeentearchief Amsterdam
p. 11 luchtfotografie Jan Schot
p. 35 Michael King
p. 45 Jan Versnel
p. 48 Coll. Mien Ruys
p. 51 Piet Oudolf

ISBN 90 71570 85 1

Architectura & Natura Press
Leliegracht 22
1015 DG Amsterdam
The Netherlands

www.architectura.nl

distribution | distributie

Garden Art Press
Sandy Lane, Old Martlesham
Woodbridge
U.K.

Idea Books
Nieuwe Herengracht 11
1011 RK Amsterdam
The Netherlands